MAR..A.SUHL

SUHLER FEUERWAFFEN

DIETER SCHAAL

Suhler Feuerwaffen

EXPONATE
AUS DEM HISTORISCHEN MUSEUM
ZU DRESDEN

AUFNAHMEN
VON JÜRGEN KARPINSKI

MILITÄRVERLAG
DER DEUTSCHEN DEMOKRATISCHEN
REPUBLIK

Der Einband zeigt
zwei Steinschloßgewehre von 1747 und 1748
der Vorsatz
ein Paar Steinschloßpistolen von 1744
der Nachsatz
zwei Steinschloßgewehre
von Johann Christoph Stockmar, Suhl

Nachweis der Textabbildungen:
Archiv Cheflektorat Militärliteratur, Militärverlag der DDR
Deutsche Fotothek Dresden
Kunstanstalt Straub und Fischer, Meiningen
Waffenmuseum Suhl
Die Nachzeichnung der Schäfterzeichnung besorgte Margit Karpinski
Die Waffen zeichnete Karlheinz Birkner

Schaal, Dieter:
Suhler Feuerwaffen./von Dieter Schaal und Jürgen Karpinski. –
3. Aufl. – Berlin: Militärverlag der DDR, 1986. – 96 S. : 68 Ill. –
(Militärkundliche Reihe)

ISBN 3-327-00030-1

© Militärverlag der Deutschen Demokratischen Republik (VEB) – Berlin, 1981
4. Auflage, 1989
Lizenz-Nr. 5
LSV: 0549
Lektor: Inge Fischer
Gesamtgestaltung: Wolfgang Ritter
Printed in the German Democratic Republic
Satz: Grafische Werke Zwickau
Druck: Druckerei des Ministeriums für Nationale Verteidigung (VEB) – Berlin
Buchbinderische Weiterverarbeitung:
INTERDRUCK, Graphischer Großbetrieb Leipzig
Bestellnummer: 746 297 6
01350

VORWORT

An all dem, was Suhler Feuerwaffen seit 400 Jahren zu einem Begriff in Europa werden ließ, haben die Prunk- und Luxuswaffen den zahlenmäßig geringsten Anteil. Nimmt man trotzdem gerade sie zum Gegenstand der Betrachtung, wie es Text und Bild dieses Bandes beabsichtigen, wird sich damit das Phänomen Suhl weder erschöpfen noch ausreichend erklären lassen.

Sind neben der massenweisen Militärwaffenherstellung in Suhl zu allen Zeiten auch einzelne Luxuswaffen entstanden, so ist das an sich schon bemerkenswert. Weshalb sie gefertigt wurden und wie sie beschaffen sind, verdient auch heute noch unser Interesse. Nicht allein deshalb, weil es die schöpferischen Leistungen des fast schon vergessenen Büchsenmacherhandwerks und seiner Innungsgenossen lebendig werden läßt, sondern auch, weil diese Waffen einen bisher noch wenig bekannten Teil unseres künstlerischen und technischen Erbes verkörpern.

Als Gottfried Semper, ein auch in den technischen Künsten des 19. Jahrhunderts richtungweisender Architekt, während seines englischen Exils zwischen 1849 und 1855 die Sammlung des Schlosses Windsor kennenlernte, äußerte er: «Die ebendaselbst befindlichen Suhler Werke des Meisters Weiss sind das schönste Rococo, das es gibt, hier den geschweiften Formen des modernen Schießgewehrs gleichsam naturgemäß entwachsen.» Viele Suhler Gewehre der Dresdener Sammlung des Historischen Museums, die zu besichtigen

Gottfried Semper als im Exil lebendem Achtundvierziger nicht mehr vergönnt war, verdienen das gleiche Prädikat. Sie und zahlreiche Waffen des frühen 17. Jahrhunderts sichern Suhl einen hervorragenden Platz in der deutschen Kunst- und Waffengeschichte.

Für die Anregung und seine Unterstützung bei der Bearbeitung des Themas danke ich dem Direktor des Historischen Museums Dresden, Herrn Johannes Schöbel, für die Restaurierung des Suhler Bestandes den Mitarbeitern Heinz-Werner Lewerken, Winfried Beckert und Armin Börnert.

Den Staatsarchiven Dresden, Meiningen und Magdeburg, Außenstelle Wernigerode, sowie dem Stadtarchiv und dem Waffenmuseum Suhl bin ich für ihre Bemühungen besonders verbunden.

Schließlich sei auch vielen Fachkollegen, die mich uneigennützig unterstützten, aufrichtig gedankt.

Dresden, im Juli 1979   Dieter Schaal

DIE STADT

«... Was Jamm'r und Noth betroffen hat
Suhlam die Bergk- und Handels-Stadt,
in Hennebergk gebauet...»

Johann Wagner

ie Wechselfälle im Leben dieser Stadt, deren erste urkundliche Erwähnung
mehr als 600 Jahre zurückliegt, sind in die Geschichte eingegangen. Ihr
Alltag aber, das allmähliche Zusammenfinden von Menschen verschiedener Berufsgruppen, die Verrichtungen dieser Menschen, ihr Bedarf an ge-
werbebedingten und an gesellschaftlichen Einrichtungen und Bauten, die das Erschei-
nungsbild einer Stadt nach innen und außen prägen, ist oft genug bis zur Unkenntlichkeit
verwischt. Im Rückblick auf Hunderte von Jahren gelingt es nur mit Mühe, einzelne
Lebensäußerungen deutlicher erkennbar zu machen.

Die heutige Bezirksstadt Suhl, annähernd 47000 Einwohner zählend, galt nicht nur im
17. Jahrhundert, in dem die eingangs zitierte Verschronik entstand, sondern bis weit ins
18. Jahrhundert als Berg- und Handelsstadt. Manche ihrer einstigen Erwerbszweige, wie
Bergbau und Weberei, gibt es heute nicht mehr. Die ehedem durch die natürlichen Vorkommen an Eisenerz, Wasserkraft und Holz entstandene Waffenerzeugung hat jedoch
auch nach dem Versiegen dieser Quellen oder nach deren Bedeutungsschwund infolge ver-
änderter Technologie ihren Sitz in Suhl behauptet. Die Ursache dafür liegt nicht zuletzt
im Beharren der menschlichen Produktivkraft, der arbeitenden Menschen, die über Gene-
rationen ihre Fertigkeiten und Kenntnisse in der Erzeugung von Waffen bilden und entwickeln konnten, den Wechselfällen der Stadtgeschichte zum Trotz.

Die einstige Bergstadt Suhl verdankte diese Bezeichnung, ihre ursprüngliche Entwicklung, ihren Namen und selbst ihr Wappenbild in erster Linie den geographischen und geologischen Gegebenheiten. Im Tal der Lauter gelegen, der Marktplatz 429 Meter über dem Meeresspiegel, war die Ortschaft zwischen Erzlagern und Salzflözen entstanden. Die Lauter und andere benachbarte Gebirgsbäche bildeten anfangs mit den unermeßlich scheinenden Bergwäldern des Thüringer Waldes, die den Ort umgaben, die denkbar günstigsten Bedingungen für das Entstehen gewerblicher Erwerbszweige wie des Erzbergbaus und des Hüttenwesens. So sind eine Sohle (der Entstehungssage nach wurde sie von einem Bergmann an der Stelle des ersten fündigen Erzlagers beim Schürfen aufgefunden) und der Pickel als bergmännisches Gerät zu Wappensymbolen der Stadt geworden. Der dritte Bestandteil des Suhler Stadtwappens, die auf einem Berg stehende Henne in der Durchfahrt zweier Türme, kennzeichnet den politischen Status Suhls, seine Zugehörigkeit zur Grafschaft Henneberg und die 1527 erfolgte Zuerkennung städtischer Rechte.

Die natürlichen Reichtümer Suhls verhalfen ihm besonders im Verlauf des 16. Jahrhunderts zu einem stetigen Aufschwung, damals noch von seiner Lage an der fränkischen Heerstraße begünstigt. Die Bevölkerungszahl des Fleckens Suhl stieg zwischen 1525 und 1585 auf fast das Vierfache an. Suhl zählte jetzt insgesamt 4500 Einwohner. Bereits im 15. Jahrhundert hatte der Erzbergbau die Eisenverhüttung am Ort nach sich gezogen. Diese erbrachte ein weiches, schmiedbares Eisen, das sich für die weitere Verarbeitung zu Büchsenläufen vorzüglich eignete. Den Fundorten dicht benachbart entstand eine große Zahl von Eisenhämmern und Rohrschmieden erstaunlichen Ausmaßes. Die Handfeuerwaffen, die zunächst in geringer Zahl und bescheidener technischer Gestalt hergestellt und in fürstlichem Besitz bereits erprobt worden waren, wurden im Verlauf des 16. Jahrhunderts für die Truppenbewaffnung unerläßlich und erforderten die Erschließung spezieller Fertigungszentren. So entwickelte sich beispielsweise Aachen, das ebenfalls über gute Voraussetzungen verfügte, rasch zu einem Ort der massenweisen Herstellung von Handfeuerwaffen. Auch Suhls Eintritt in die Waffengeschichte erfolgte zu diesem Zeitpunkt, und seine Entwicklungsetappen verlaufen in vieler Hinsicht beispielhaft für die Waffenerzeugung.

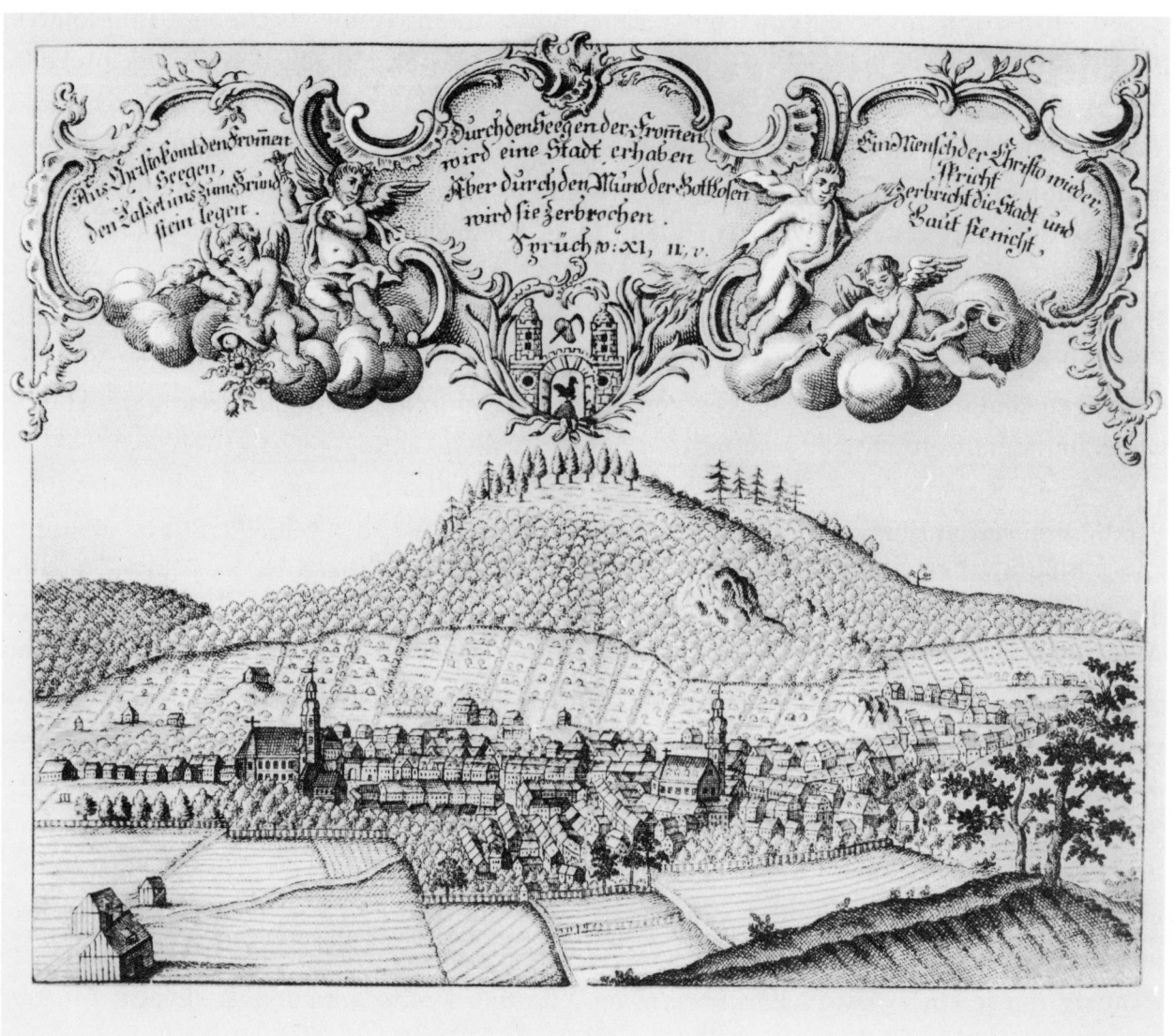

1 Kupferstich mit dem Wappen und der Ansicht Suhls
Mitte 18. Jh.

Seit 1437 wurde im Schluttgarten der erste Suhler Eisenhammer betrieben; ihm folgten bald weitere. Sie alle bearbeiteten den Rohstoff, der gleichzeitig in den Rohrschmieden zum Ausgangsprodukt für schwere Wallbüchsen oder für Gewehrläufe wurde und damit die Grundlage der eigentlichen Suhler Büchsenmacher und ihrer sogenannten Gewehrfabrik bildete. Nach Walter Weiss ist aus Angaben über den geforderten Büchsenzoll zu ersehen, daß 1553 in den fünf bestehenden Suhler Rohrschmieden innerhalb von elf Tagen 775 Rohre entstanden sein müssen. Darunter befanden sich 113 ganze Haken (schwere Hakenbüchsen), zahlreiche leichtere Hakenbüchsen, Pirschrohre, mehr als 200 Hand- und Faustrohre sowie 337 Puffer oder Kurzrohre. Selbst unter günstigsten natürlichen Voraussetzungen konnten derartige Mengen von Waffen nur durch die Spezialisierung des Handwerks und eine weitsichtige Organisation der Waffenherstellung gefertigt werden.

Genauere Kenntnis vieler Gepflogenheiten der zeitgenössischen und der früheren Suhler Produktion verdanken wir Heinrich Anschütz, einem umfassend gebildeten Suhler Gewehrfabrikanten und Gewehrhändler, dessen Arbeit über die Gewehrfabrik in Suhl zu Beginn des 19. Jahrhunderts erschien. Er berichtet, die Verhüttung des Erzes, das anfänglich im Rennfeuer ausgeschmolzen worden war, sei im 18. Jahrhundert durch schwedische Eisenarbeiter auf das Schmelzverfahren im Blauofen umgestellt worden, wobei sich der Kohleverbrauch verringert habe. Nach dem Versiegen eigener Erzquellen habe man seit Ende des Dreißigjährigen Krieges bis in seine Zeit für die Beschickung eines Ofens je zwei Teile Saalfelder, zwei Teile Schmalkalder Erz und einen Teil Hammerschlag verwendet, um in 24 Stunden 18 Tonnen Eisenstein mit vier Fudern Kohle zu 24 Zentnern Roheisen zu verschmelzen. Trotz der fremden Erze sei aber die anerkannte Güte des Suhler Eisens bis in seine Zeit erhalten geblieben. Die sechs Eisenhämmer Suhls belieferten damals zweiundzwanzig mit je einer halben Konzession ausgestattete Rohrschmieden der Stadt, führten aber auch beträchtliche Mengen Roheisen in alle Landesteile aus. So wie das Rohmaterial selbst verließen auch die Produkte der Rohrschmieden, nämlich mehr oder minder ausgearbeitete Gewehr- und Büchsenläufe, entsprechend den Wünschen der Besteller den Ort, um beispielsweise in Nürnberg oder Zürich ausgearbeitet und zu kompletten Waffen montiert zu werden. Dem reichlichen Angebot an Rohren angemessen, stiegen schließlich auch Zahl und Bedeutung der Büchsenmacher, Schloßmacher, Ausbereiter, Monturmacher und damit auch der Büchsenschäfter.

Einschneidendstes Ereignis für die Entwicklung der Waffenerzeugung in Suhl ist der Kroateneinfall im Jahre 1634 geworden, bei dem die Stadt in Brand gesteckt wurde und nur 84 Häuser überdauerten. Nach Angaben der Wertherschen Chronik wurden 769 Gebäude zerstört, Rats- und Innungsakten fielen dem Feuer zum Opfer. Superintendent Johann Wagner, der die Zerstörung überlebte und die Ereignisse später in Verse zu bringen versuchte, schildert auch das Schicksal zahlreicher Büchsenmacher und Schäfter wie Sebastian Klett oder Veit Steyerwaldt, «bekannt in vielen Landen». 83 Tote waren zu beklagen, und bis 1638 starben in Suhl noch weitere 1439 Personen, zumeist an den Folgen dieses Ereignisses. Noch 1664, als an anderen Orten die Folgen der Kriegseinwirkungen längst behoben waren, zählte das entvölkerte Suhl erst wieder 3856 Personen, bei 721 ansässigen Bürgern. Noch bis ans Ende des 17. Jahrhunderts wurden sowohl in den Innungs- als auch in den Hofakten Bedenken über den Fortbestand Suhls als Zentrum der Waffenerzeugung geäußert. Doch konnten derartige Befürchtungen durch die Beharrlichkeit der Waffenhandwerker immer wieder zerstreut werden.

Der Eisenhandel, ein ursprünglicher Erwerbszweig der Stadt, verringerte sich nach Ausschöpfung der geologischen Vorkommen, so daß Suhl als Bergstadt in Vergessenheit geriet. Dennoch eröffnete sich ihm als Handelsstadt erneut eine Zukunft. Die Waffenherstellung, der seit dem Ausgang des 16. Jahrhunderts gesamteuropäisch zu nennende Waffenhandel belebten sich. Daneben wuchs aber auch der aus einer blühenden Weberei erwachsende Leinen- und Barchenthandel, bis zum Ende des 18. Jahrhunderts eine wichtige Erwerbsquelle, die der Stadt eine ungeminderte Bedeutung sicherte.

Noch einmal wurde aber die Entwicklung Suhls gewaltsam unterbrochen. Nach den von Anschütz gemachten Angaben vernichtete der Stadtbrand von 1753 541 Häuser und Werkstätten, und die Verwüstungen machten eine Kollekte erforderlich, «Die in der Stadt Suhl entstandene Feuers-Brunst und die zu Wiederauffhelffung derer Abgebrannten getroffene Veranstaltungen betreffend». Dazu steuerten viele deutsche Städte, aber auch Zürich, Basel und Warschau bei. In seiner Entwicklung erneut zurückgeworfen, gelang es Suhl nur langsam und durchaus nicht in allen Fällen, seinen Verpflichtungen nachzukommen und seine alten, weitgespannten Verbindungen wieder aufzunehmen.

In einer 1780 als «Eckardtsches Tagebuch» erschienenen Topographie ist zu lesen: «Die Stadt Suhle, welche in der Graffschaft Henneberg im Fränkischen Creyse am Fluß Lauter, im Thal zwischen dem Ringsberg und dem Dohmberg, 6 Stunden von Meinungen, 3 Stunden von Schleußingen u. 1 Stunde von Zelle liegt, gehöret seit 1718 ... Sr. Churfürstl. Durchl. zu Sachßen. Der Bürger und Inwohner größte Nahrung bestehet in Parchend und Gewehr-Fabricirung.»

Die politische Geschichte des Territoriums, dem Suhl in der Vergangenheit zugehörte, nämlich der gefürsteten Grafschaft Henneberg, beeinflußte maßgeblich seine wirtschaftliche Entwicklung und damit auch seine Waffenherstellung.

Der Tod des gefürsteten Grafen Georg Ernst von Henneberg im Jahre 1583, des letzten seines Geschlechts, ermöglichte es dem damals regierenden sächsischen Kurfürsten August, den vorsorglich abgeschlossenen Erbvertrag durchzusetzen, der ihm fünf Zwölftel des Hennebergischen Territoriums einschließlich Suhls sicherte. Der verbleibende Anteil von sieben Zwölfteln fiel dabei zwar der ernestinischen Nebenlinie zu, die Minderjährigkeit der Erbanwärter dieser Linie veranlaßte aber den Kurfürsten, sich des gesamten Landes zu bemächtigen. Suhl gewann damit unmittelbaren Anschluß an das wirtschaftlich fortgeschrittene Territorium Sachsen – ein Umstand, den man sich heute erst ins Gedächtnis zurückrufen muß. Infolge wechselseitiger Vormundschaften wurde die Grafschaft Henneberg bis 1660 von beiden sächsischen Linien gemeinschaftlich verwaltet, erst dann vollzog sich eine Trennung. Der kursächsische Anteil, der uns Suhls wegen besonders interessiert, gelangte zur Duodezhofhaltung der Nebenlinie Sachsen-Naumburg. Nach deren Aussterben endlich wurde das Hennebergische Erbe im Jahre 1718 dem Kurfürstentum Sachsen unmittelbar angegliedert. Nicht nur zufällig ergeben sich aus diesen politischen Veränderungen auch zeitliche Parallelen für das Aufblühen der Erzeugung von Luxuswaffen.

Nach dem Wiener Kongreß 1815 beanspruchte Preußen das Territorium Henneberg, um sich dieser bedeutenden Waffenschmiede zu versichern, und Suhl kam damit unter preußische Oberhoheit.

DAS HANDWERK

«... bevorraus hie das Büchsenwerk
getrieben wird mit Macht und Stärck
von Jungen und von Alten...»

Johann Wagner

ie sechs Suhler Büchsenschmiede des Jahres 1553 mit ihren 17 Knechten, von denen Walter Weiss berichtet, stehen am Beginn einer ebenfalls wechselvollen Innungsgeschichte. Die Waffenherstellung, der sich notwendigerweise der Waffenhandel anschloß, geht in Suhl auf zahlreiche Handwerke zurück. Die wichtigsten von ihnen sind die Rohrschmiede, deren Aufgabe es ist, Büchsen- und Gewehrläufe herzustellen, die Schloßmacher, die den Zündmechanismus anfertigen, und die Schäfter, die den Holzschaft für das Einfügen von Lauf und Schloß liefern. Der aus der Innungsgeschichte anderer Städte geläufige Begriff des Handwerks der Büchsenmacher ist zwar auch hier anwendbar, aber infolge einer ungewöhnlichen Arbeitsteilung zwischen den Meistern dieses sonst einheitlichen Handwerks für Suhl nur im weitesten Sinne zu verstehen.

Die erste, bereits 1563 für die Meister des Schlosser- und Sporerhandwerks gemeinsam erlassene Innungsordnung war in der gesamten Grafschaft Henneberg gültig. Neben dem sich herausbildenden bürgerlichen Selbstbewußtsein und dem Erfordernis, sich vor untauglicher Arbeit zu schützen, ist hier bereits die Ausfuhr der Waffen und die dazu notwendige Anerkennung außerhalb des Landes maßgeblich für den Zusammenschluß zu einer Innung. Der Innungsbrief belegt das mit den Worten: «das sie auch bei auswertigenn meistern ... als Ihres Handwergks mangelhafft, in viel wege gehindert würdenn und solchs allein aus dem vergangenen schein, das sie Ihr Handwergk nach Handwergks gebrauch vnnd gewohnheit zünfftig nicht gelernet hetten».

Das Rohrschmiedehandwerk zu Suhl, das bis dahin als eine Freie Kunst betrieben worden war, läßt sich 1579 einen eigenen Zunftbrief bestätigen, als Ausdruck der beträchtlichen Bedeutung, die es innerhalb der Grafschaft inzwischen erlangt hat. Als Nachweis der Meisterschaft in der Beherrschung des Handwerks mußten unterschiedliche Rohre, vom zentnerschweren Doppelhaken, einem Geschützrohr, bis zur sechspfündigen Vogelflinte geschmiedet und den Innungsmeistern zur Kontrolle vorgelegt werden.

Die im Vergleich zu anderen, älteren Gewerben hohe Spezialisierung des Suhler Büchsenmacherhandwerks und seine noch heute beeindruckende Ballung auf engstem Territorium ließen eine für das Zeitalter gewerblicher Einzelproduktion unvorstellbare Menge von Waffen, wenn es erforderlich war, selbst in kürzestem Zeitraum, entstehen. An Luxuswaffen darf dabei freilich nicht gedacht werden.

Zu Beginn des Dreißigjährigen Krieges, im Jahre 1619, «... ist sich Ambts wegen bey der Stadt Suhla vnd darinnen wohnenden Büchßenhändlern mit fleiß erkundiget wordten, wieviel Mußqueten, einfache oder andere Rohr das verschiene (vergangene, d.V.) vnd ietzige Jahr über alldar verfertiget, abgeführet, verhandlet vnd weme Dieselben Zugebracht wordten...» Summiert man die Angaben der Händler, von denen die meisten zu den Handwerken der Rohrschmiede und Büchsenmacher gehörten, so kommt eine Summe von mehr als 60000 unterschiedlichen Waffen zusammen. Gleichzeitig erfährt man, daß sich zu diesem Zeitpunkt zwanzig Suhler Waffenhändler auf Geschäftsreisen befanden.

Für derartige Unternehmungen gibt es zahlreiche Beispiele. Bereits 1597 erhielt der Suhler Meister Klaus Klett nach Angabe der Züricher Zeugamtsrechnungen von der Stadt ein Zehrgeld, als er zusammen mit einem Gesellen eine Waffenlieferung in die Schweiz begleitete. Von einem Meister namens Georg Klett ist überliefert, daß er auf einer seiner Handelsreisen beinahe in der Rhône ertrunken sei. Noch um die Mitte des 18.Jahrhunderts geht aus einem Schreiben von Johann Stephan Spangenbergs Erben hervor, daß man nicht allein selbst reiste, sondern gelegentlich auch einen Meister und drei Gesellen nach Wien sandte, damit sie eine schadhaft gewordene Lieferung an Ort und Stelle reparierten.

2 Glasscheibe mit den Innungssymbolen
der Suhler Büchsenschäfter von 1759

Absatzgebiete des Suhler Waffenhandels waren außer dem sächsischen Hof und der Leipziger Messe die oberdeutschen Städte Nürnberg, Straßburg und Graz, in der Schweiz aber vor allem Bern, Zürich und Basel, ferner Prag, Breslau, Danzig sowie die niederdeutschen Städte Bremen, Lübeck und Rostock. Selbst nach Stockholm und Lissabon lieferte Suhl. Berücksichtigt man die oft knappe Zeitspanne für die Erzeugung und den Umschlag der gewaltigen Waffenmengen, die von Suhl aus überdies nur mit Gespannen befördert werden konnten, wird deutlich, daß der im Grunde bescheidene Marktflecken die meisten seiner Einwohner für diese Aufgabe gewonnen haben mußte. Johann Matthias Anschütz spricht davon, daß «bey damaliger Art des Feuergewehres zu den leichteren Teilen der Bearbeitung deßelben auch Weibspersohnen mit gebraucht wurden».

Die Handelsverbindungen Suhls spannten sich immer weiter, der Umfang der Waffenbestellungen wuchs und mit ihm der Einfluß einzelner Suhler Handelsherren. In einem 1613 verfaßten «Ersuchen Valentin Kletts, Bürgers, Handelsmanns und Büchsenmachers um Errichtung einer Poliermühle», die er zum rascheren Polieren der in eigener Rohrschmiede geschmiedeten Läufe benötigte, für deren «Ausbereitung» er auch ein eigenes Bohr- und Schleifwerk besaß und eine ihm innungsgemäß zustehende Büchsenmacherwerkstatt unterhielt, wird die zum Teil bereits erreichte Konzentration der Produktion sichtbar. Als Valentin Klett die «Beförderung» seiner Angelegenheit, die naturgemäß auf den Widerstand der Innung stieß, durch die Landesbehörde zu zögernd erschien, ließ er kurzerhand den sächsischen Kurfürsten durch Erzherzog Maximilian zur Bestätigung des gewünschten Privilegs veranlassen. Vergleicht man die Zahl der im Büchsenmacherhandwerk in Suhl tätigen Personen mit den Beschäftigten der gleichen Innung in anderen Städten, hat es den Anschein, als ob darin die Erklärung der Suhler Massenproduktion läge. Dennoch ist die Zahl der Produzenten im Verhältnis zum Umfang der Waffenlieferungen erstaunlich gering. So geht aus einer Innungsangelegenheit im Jahre 1628 hervor, daß Suhl in Zeiten besonderer Blüte beim Büchsenmacherhandwerk 36 Meister, dazu 70 Gesellen und 43 Ledige zählte, bei den Schäftern 33 Meister und 20 Gesellen.

Im Jahre 1658, als sich die Suhler Meister der Schlosser, Büchsenmacher, Sporer und Windenmacher eine eigene Innung gaben, hatten diese vier Handwerke gemeinsam ledig-

3 Büchsenmacherwerkstatt
nach einer Darstellung von 1689

17

lich 50 Meister und Werkstätten. Dazwischen liegt die Zerstörung Suhls durch die Kroaten und die mit dem Dreißigjährigen Krieg verbundene Gewerbe- und Handelsunsicherheit. Suhl, obwohl es die verschiedenen Kriegsvölker beider Parteien mit Waffen belieferte, konnte davon nicht verschont bleiben.

Verfolgt man die Entwicklung der Suhler Waffenproduktion, so darf nicht übersehen werden, daß ihr unter anderem mit dem niederdeutschen Lüttich für Militärwaffen ein ernst zu nehmender Konkurrent erwachsen war. Mit der sogenannten Olbernhauer Gewehrfabrik im Kurfürstentum Sachsen verhielt es sich seit dem Ende des 17. Jahrhunderts kaum anders. Die erste Rohrschmiedekonzession für Olbernhau war im Jahre 1681 erteilt worden, und der damals vom Kurfürsten betriebene Ausbau dieses Unternehmens, das auch durch die Zuwanderung von Büchsenhandwerkern aus Suhl gefördert wurde, kündigte das Ende seiner ursprünglichen Monopolstellung nachdrücklich an.

Indes hat die eigentliche Handwerkskunst mit dem reichen Schmuck einzelner, aus besonderem Anlaß und ausgewähltem Material gefertigter Waffen auch in dem geschäftigen Umschlagplatz Suhl ihren Boden gefunden. Ohne allen Zweifel sind durch Reisen, durch wiederholte Berührung mit dem Waffenbesitz fürstlicher Auftraggeber und durch die in den Innungsordnungen festgelegte dreijährige Wanderschaft genügend künstlerische Anregungen nach Suhl gelangt. Direkte Hinweise auf den Schmuck von Gewehren und Pistolen oder auf die Herstellung von Luxuswaffen sind aus dem Innungsbereich, sieht man von den Meisterstückforderungen des Büchsenschäfterhandwerks ab, jedoch nicht festzustellen. Daß es dennoch dazu kommt, ist sicher vor allem auf äußere, später noch zu erläuternde Ursachen zurückzuführen. Nachweisbar sind derartige Waffen aber zu Zeiten der allgemeinen Blüte Suhls entstanden. In solchen Zeiten vor allem wirtschaftlicher und kultureller Blüte war am ehesten Gelegenheit, künstlerisches Empfinden zu entwickeln und die Fülle auswärtiger Anregungen aufzunehmen und zu verarbeiten.

So bescheiden die Zahl der auf uns überkommenen Suhler Luxuswaffen auch ist, ihre kunsthandwerkliche Qualität steht Arbeiten bekannter und bedeutender Zentren gerade dieses Waffenzweiges in nichts nach. Im Gegenteil, sie erreicht, unabhängig von Paris, in der ersten Hälfte des 18. Jahrhunderts einen führenden Rang.

Ihren schwersten Rückschlag in der neueren Geschichte erlebten Waffenhandwerk und Waffenhandel von Suhl durch den schon erwähnten Stadtbrand von 1753. Unvorstellbar groß war die Zahl «derer abgebranden Handwercks Meister, deren zusammen 151, als nemlich 82 Büchsen Meister, 60 Büchsen Schäffter und 9 Rohr Schmiede». Der König bewilligte ihnen Zuschüsse und einen zehnjährigen Steuererlaß, «damit von denen Gewehr- und Parchend-Fabrikanten sich keiner außer Landes wende, und der Gewehr- und Parchenthandel dieser Stadt conserviret, und nicht in fremde Lande gelassen werde».

Der Beginn des Siebenjährigen Krieges im Jahre 1756 erschien der Stadt zunächst verheißungsvoll, bald aber kam es zu Waffenbeschlagnahmen durch die mit Sachsen verbündeten und zu Übergriffen der gegnerischen Truppen, die neue, schwere Schäden verursachten. Gegen Ende des Jahrhunderts mehrten sich die Anzeichen eines Niederganges, wie sie aus dem von 1775 bis 1780 entstandenen «Gutachten über den Verfall der Gewehrfabrik Suhl» sprechen. Der künstlerische Niedergang war zu dieser Zeit bereits abgeschlossen.

4 Innungssiegel der Büchsenmacher, Schlosser und Sporer Suhls
aus der Mitte des 18. Jh.

DIE WAFFEN

«... was man zum gantzen Büchsenwerck
benötigt haben mußte ...»

Johann Wagner

E ine zu Hunderten, ja Tausenden von Exemplaren gefertigte, gebrauchstüchtige Militärwaffe war die Besonderheit der Suhler Waffenfabrikation, die sie vom Innungshandwerk der meisten anderen deutschen Städte und deren Einzelerzeugnissen unterschied. Für Militärwaffen dieses Typs ist das Suhl des 16. bis 19. Jahrhunderts berühmt geworden. Sie sind noch heute in ungezählten Sammlungen und Museen der Welt, in städtischen und in Landeszeughäusern, in Burgen und Festungen Europas zwischen Stockholm und Lissabon, zwischen Emden und Wien anzutreffen.

Weitaus weniger bekannt, sieht man von Suhls Entwicklung seit dem 19. Jahrhundert ab, und fast unerforscht ist der Umstand, daß ein solches Waffenzentrum zu allen Zeiten auch Prunkwaffen für kriegerischen, jagdlichen und sportlichen Gebrauch erzeugt hat. Die Forderungen des Meisterstücks, die in jeder, auch in der Suhler Innungsordnung erhoben werden, und der Ehrgeiz des einzelnen Meisters, andere an Kunstfertigkeit zu übertreffen, sind ein wichtiger Anlaß dafür; ein anderer aber ist der Bedarf der sächsischen Landesherrschaft an geschmückten Waffen. Nicht zuletzt dürfte auch die Notwendigkeit, sich fürstliche, patrizische und militärische Auftraggeber und Abnehmer großer Lieferungen gewogen zu machen oder auch zu erhalten, hingereicht haben, um die während dieser Zeit noch lebendige Schmuckfreude auch in Suhl zu erproben.

Eine solche Vermutung bestätigt sich in Gestalt einiger weniger, eindeutig in Suhl entstandener Waffen. Diesen zumeist hervorragenden, in einem Zeitraum von dreihundert Jahren entstandenen und sicherlich nur zu einem geringen Teil erhalten gebliebenen Waffen gilt in diesem Zusammenhang unsere Aufmerksamkeit.

Die bis ins 16. Jahrhundert zurückreichenden Dresdener Sammlungsinventare, die als handschriftliche Register aller Bestände angelegt worden sind, verzeichnen mehrere Paare und einige einzelne Radschloßpistolen mit dem Vermerk «Suhlische Pistolen» oder auch «zu Suhla verfertiget». Leider sind die vom Beginn des 17. Jahrhunderts stammenden Eintragungen nicht so ausführlich, daß sie etwas über die Art des Zugangs, seinen genauen Zeitpunkt oder über die Werkstätten und Meister mitteilten, denen diese heute noch erhaltenen, exzellenten Stücke zu danken sind. Die Entstehungszeit dieser Pistolen fällt in die Jahre der höchsten Produktivität Suhls während der ersten drei Jahrzehnte des 17. Jahrhunderts. Ihr künstlerischer Schmuck, meist über Metall- und Holzteile mit gleicher Perfektion verteilt, besteht aus langstieligen Blattwedeln, die zu Rosetten zusammengefaßt sein können und von figürlichen Darstellungen unterbrochen werden. Die bemerkenswerte Übereinstimmung dieser in der Regel von verschiedenen Handwerkern geschaffenen Teile läßt mit Sicherheit auf das Wirken einer Werkstatt, gegebenenfalls weniger Werkstätten schließen. Dieser Umstand entkräftet die häufig vertretene und nur sehr bedingt zutreffende Ansicht, daß die Bestandteile für Luxuswaffen separat hergestellt und gehandelt worden seien und daß die Komplettierung der Teile zur Waffe von ihrer Herstellung weitgehend unabhängig verlaufen sei, wie es bei Militärwaffen durchaus anzutreffen ist.

Die an Lauf und Schaft plastisch geschnittenen Gestalten stimmen dem Charakter nach mit dem als Meisterstück der Suhler Büchsenschäfter geforderten Zierat von «Gesichtern und Laubwergk darzwischen, auf deren seiten ... drey stück von den freyen Künsten, und mit grausem Laub durchzogen» überein. Die Waffengeschichte kannte diese Pistolen bisher nur als süddeutsch, mutmaßlich aus Nürnberg stammend. Die geographische Nähe dieses fränkischen Zentrums der Luxuswaffenherstellung zu Suhl, von dem sich fast nur die Erinnerung an Militärwaffen lebendig erhalten hatte, brachte die Forschung vom eigentlichen Ort des Entstehens ab und ließ sie aus naheliegenden Gründen auf Nürnberg kommen. Ein tatsächlicher Vergleich mit nachweisbar Nürnberger Arbeiten vom Beginn des 17. Jahrhunderts macht die beträchtlichen Unterschiede deutlich, die sich nicht nur in der Holz-, Metall- und Elfenbeinbearbeitung, sondern auch darin zeigen, daß teilweise andere Materialien verwendet werden.

Sieht man von den Radschloßpistolen in Pufferform ab, die ihrem Charakter nach in das 16. Jahrhundert gehören, sind die übrigen Suhler Waffen außerordentlich schlanke, langläufige Pistolen von geringem Gewicht und hervorragenden Qualitäten. In Eisenschnitt und Schaftverschneidung stellen sie einen Höhepunkt deutscher Büchsenmacherkunst dar. Die Verwendung von Figurenprogrammen, wie sie zahlreiche Suhler Läufe dieser frühen Zeit in Gestalt der Schönen Künste oder der Apostel wiedergeben, zeugt von dem hohen kunsthandwerklichen Anspruch, mit dem die Meister dieses Faches, wenn auch nach übernommenem Vorbild, ans Werk gingen. Der dem Büchsenmacherhandwerk von Suhl zugefügte schwere Rückschlag nach dem Kroateneinfall von 1634 und die Anforderungen des bis an die Jahrhundertmitte andauernden Dreißigjährigen Krieges ließen zweifellos die bereits erreichte Kunstfertigkeit wieder vergehen, bevor sie noch in der Handwerkstradition Suhls und im Bewußtsein der Zeitgenossen fest genug verwurzelt war.

Unter den in den folgenden Jahrzehnten in Suhl gefertigten Waffen steht die für den Kriegsgebrauch bestimmte Radschloßmuskete mit flachem, nach oben und unten geschweiftem Kolben obenan. Geht man davon aus, daß die Einmaligkeit einer Waffe unter den damals üblichen Produktionsbedingungen die Regel darstellt, so gewinnt die Waffe als Massenerzeugnis unter dem Zwang größtmöglicher Einheitlichkeit, wie sie die Suhler sogenannte Gewehrfabrik immer wieder anstrebte, ihren besonderen Wert. Die Radschloßmuskete dieses Typs, einem erprobten Standard gleichzusetzen, ist bis heute mit geringfügigen Abwandlungen in den meisten Sammlungen Europas vertreten.

Entsprechend dem jetzigen Forschungsstand zur Geschichte der Suhler Waffenerzeugung und entsprechend den als Suhler Waffen heute bekannten Sammlungsbeständen setzt die Fertigung von aufwendigen, eine meisterliche Beherrschung von Material und Technik zu erkennen gebenden Stücken erst kurz vor Ende des 17. Jahrhunderts wieder ein, setzt sich aber beispielsweise in Dresden bereits vor der Jahrhundertmitte durch.

Belegt wird der neuerliche Aufschwung zur Erzeugung kostbarer Handfeuerwaffen durch ein 1697 in Suhl entstandenes Steinschloßgewehr des Büchsenmachers Johann Matthias Hoffmann. Der etwas klobigen Schaftform ungeachtet, die durch derb-naturalistisches Schnitzwerk gemildert wird, ist hier eine kunsthandwerkliche Gesinnung zu spüren, die, wenn auch nicht in direkter Linie, so doch mittelbar, die Meisterleistungen der Mitte des 18. Jahrhunderts vorbereitet. Deutlicher noch als im Holz wird das bei dem feingliedrigen, durchbrochenen Eisenschnitt der Montierung dieses ungewöhnlichen Gewehres.

Wie mühsam nur sich Neuerungen in der deutschen Handwerkstradition durchsetzen, ist an einer 1702 datierten Meisterstückzeichnung ablesbar, die der aus Suhl stammende Büchsenschäfter Nikolaus Hoffmann bei der Danziger Innung vorlegte. Die den Gesamtplan der Schaftverschneidungen wiedergebende Zeichnung ist noch immer für den Schaft eines Radschloßgewehres bestimmt, ungeachtet dessen, daß die Erfindung des Steinschlosses bereits einhundert Jahre zurücklag und die Suhler Massenfabrikation längst auf Steinschloßgewehre übergegangen war.

Zweifellos wird mit zunehmender Kenntnis der von den Suhler Meistern verwendeten Signaturen und Meistermarken, mit gründlicherem Wissen über die Möglichkeit und die Gestalt Suhler Prunkwaffen künftig noch manches Stück bekannt werden, das die zur Zeit noch bestehenden Intervalle in der Ausprägung derart kostbarer Stücke überbrücken hilft. Aber die geschichtlichen Zäsuren, die dieser Stadt im Verlauf ihrer Entwicklung auferlegt wurden, führten deutlich zu drei Höhepunkten der Luxuswaffenherstellung: zu Beginn des 17. Jahrhunderts, um die Mitte des 18. Jahrhunderts und, bis in die Gegenwart hineinreichend, seit der Mitte des 19. Jahrhunderts. Der Ruhm, den historische Prunkwaffen aus Suhl erlangten, beschränkte sich bisher auf Werke um die Mitte des 18. Jahrhunderts, in denen er zugleich gipfelte. Ein offenbar gravierendes historisches Ereignis ging diesem überraschenden Aufschwung voran: die Eingliederung des Hennebergischen Territoriums in den kurfürstlich-sächsischen Besitz im Jahre 1718. Um die Wahl Augusts des Starken zum König von Polen finanzieren zu helfen, war dieses Gebiet 1697 zum Preis von 45000 Talern an die Nebenlinie Zeitz verkauft worden. Der Zeitraum zwischen den erwähnten Einschnitten war einer gedeihlichen kunsthandwerklichen Arbeit nicht besonders zuträglich gewesen, da die Stadt in die Wirren des Nordischen Krieges verstrickt worden war. Im Jahre 1706 marschierte der schwedische Oberst Görtz mit seinen Truppen in Suhl ein und requirierte Hunderte von Militärwaffen, «ohne das, was er an feinem Gewehr bekam». Gewehrherstellung und Gewehrhandel, zwei entscheidende Faktoren für die Existenz der Stadt, erlitten schwere Einbußen. Nun, durch den direkten Anschluß an das Kurfürstentum Sachsen wurde die sich ankündigende Gefahr der Provinzialisierung Suhls noch einmal gebannt.

Früher als bisher vermutet, nämlich bereits zu Beginn der 30er Jahre des 18. Jahrhunderts, noch während der Regierungszeit Augusts des Starken, trafen in Dresden Präsente der Stadt Suhl an den sächsischen Hof ein. Erstaunlich an ihnen ist die außerordentliche, bis dahin für Suhl noch nicht bekannte Eleganz der Waffen. Präsentiert wurden dabei aber

5 Meisterstückzeichnung
eines Büchsenschäfters
für ein Radschloßgewehr von 1702

nicht Einzelwaffen, sondern zwei komplette, vierteilige Garnituren. Diese aus Vogelflinte, kurzer Pirschbüchse mit gezogenem Lauf und einem Paar Reiterpistolen von vollkommen gleichartiger Ausstattung bestehenden Garnituren werden zum Merkmal Suhler Luxuswaffen des folgenden Vierteljahrhunderts. Vorbild dafür war die französische Büchsenmacherkunst, welche seit der Mitte des 17.Jahrhunderts die europäische Waffenmode bestimmte. Wenn auch der unmittelbare Anlaß der Gabe noch nicht bekannt ist, ihr Charakter war durchaus fürstlich. Die in barockem Schwung mit Jagdmotiven verzierten Beschläge bestehen bei einer der Garnituren aus Silber. Die Läufe und Schlösser sind durch Zusammenschmieden verschiedener Eisensorten mit einem Damaszierung genannten Muster geschmückt, in das juwelenartig Figuren aus Gold und Silber eingebettet sind. Selbst die Schäfte, von ausgesucht gemasertem Nußbaumholz, sind mit zierlichen, erhabe-

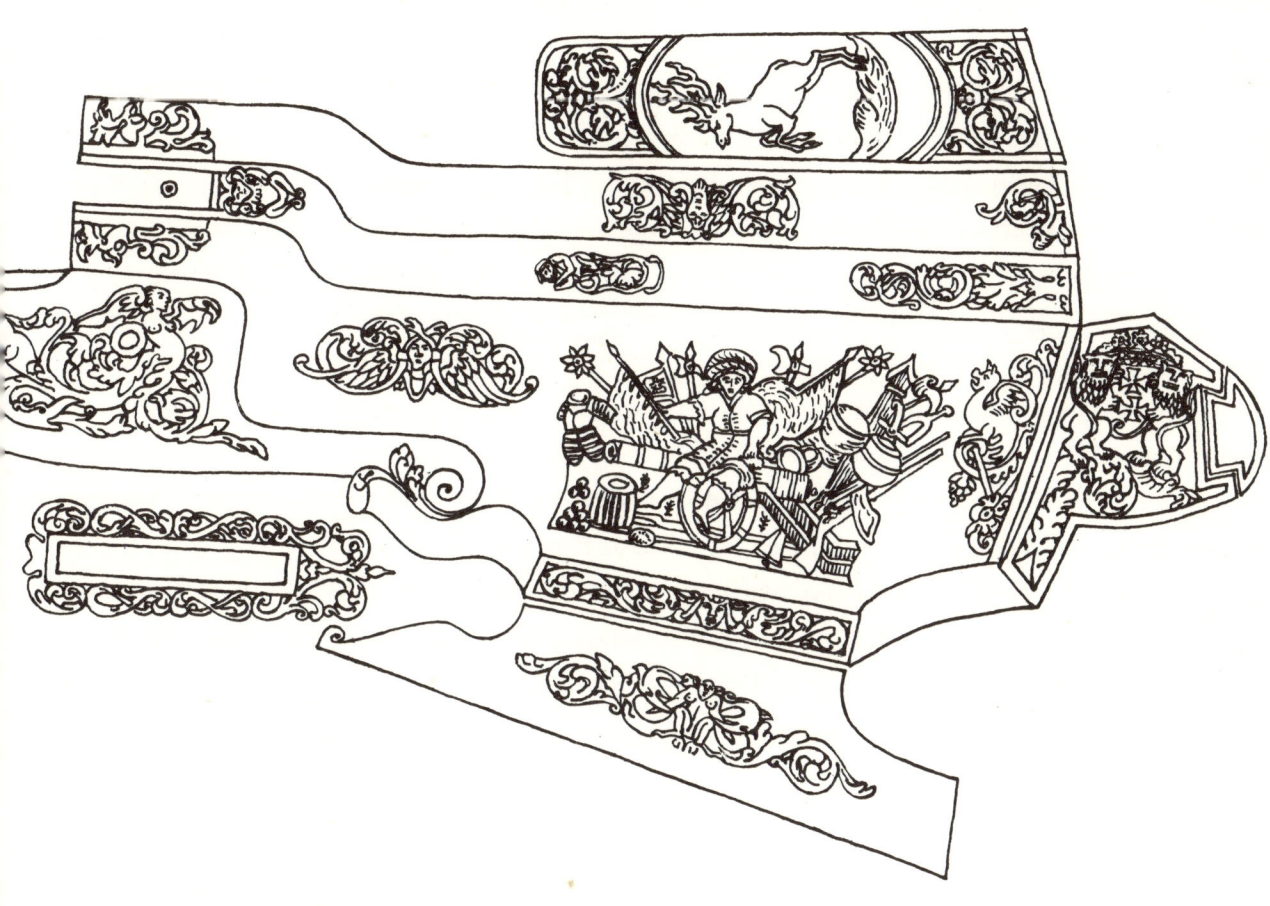

nen Blattranken verschnitten. Der noch unbekannte, mit dem Monogramm G M über einer Henne signierende Suhler Meister eröffnet mit seinen Meisterwerken eine Folge von weiteren Garnituren, die mit wenigen Ausnahmen, bestimmt für den Hof des russischen Zaren oder des Königs von England, in den persönlichen Besitz des sächsischen Landesherrn gelangten. Eine zweite derartige Garnitur desselben Meisters, diesmal mit gebläuten, feuervergoldeten Eisenteilen, zeigt die Spannweite der Dekorationskunst Suhler Werkstätten zu diesem Zeitpunkt. Ihre Identität als Suhler Arbeiten ergibt sich, sieht man von dem bestätigenden Inventareintrag ab, unter anderem aus der von der Stadt Suhl verwendeten Beschaumarke wie auch aus den einzelnen Suhler Wappensymbolen, die an verschiedenen Stellen in die Dekoration einbezogen wurden.

Ein interessanter Vergleich zwischen fürstlicher Luxuswaffe und gediegener, eleganter Gebrauchswaffe bietet sich durch eine wohl Ende der 30er Jahre des 18. Jahrhunderts entstandene dreiteilige Jagdwaffengarnitur. Die 1743 aus einem Adelsnachlaß für die Dresdener Gewehrgalerie erworbenen Stücke sind von achtunggebietender Qualität. Das makellose Schmiedeeisen von Lauf, Schloß und Beschlägen ist spiegelblank poliert, wodurch die handwerkliche Gediegenheit und Schönheit des völlig unverzierten Materials hervorgehoben wird. Die Waffen dieser Garnitur stammen aus der Hand eines M F S signierenden Meisters, wobei der letzte Buchstabe als Abkürzung für Suhl zu lesen ist. Waffen dieser Art, auf ungeminderte Gebrauchstüchtigkeit bei zurückhaltendem Zierat gerichtet, haben sich, aus dem Besitz des mittleren und niederen Adels stammend, in den meisten Sammlungen nachweisen lassen und sind auch im Waffenmuseum Suhl in interessanten Exemplaren anzutreffen.

Etwa um die gleiche Zeit gelangen durch den Gewehrfaktor Friderici aus Suhl zwei Büchsen nach Dresden, die an kunstvoller Ausstattung alles übertreffen, was Suhl im Verlauf des 18. Jahrhunderts an Luxuswaffen geschaffen hatte. Dem in Luxus schwelgenden sächsisch-polnischen Hof Augusts III., Sohn Augusts des Starken, setzte nicht nur der Ankauf kostbarer Gemälde, die Herstellung wundervoller Porzellane und Juwelierarbeiten immer neue Glanzlichter auf, sondern auch die Ausschmückung der bereits berühmten Gewehrgalerie. Ihre noch unter August dem Starken 1731 zum sogenannten «Königl. Leib-

Gewehr auf der Stall-Gallerie zu Dreßden» zusammengefaßten Bestände an Feuerwaffen, die durch ständige Ankäufe, Bestellungen und sonstige Zugänge erweitert wurden, füllten damals den 100 Meter langen Verbindungsgang zwischen dem Stallgebäude und dem Residenzschloß. Im Jahre 1733, anläßlich der Nachfolge durch seinen Sohn, zählte man 454 Büchsen, 370 Flinten und 80 Pistolenpaare der kostbarsten historischen und zeitgenössischen Modelle. Dadurch wird verständlich, daß in der Folgezeit fast ausschließlich erlesene Waffen in die Sammlung aufgenommen wurden. Doch der praktische Waffenbedarf Augusts III. war durch die doppelte Hofhaltung in Sachsen und Polen und infolge der Ausstattung von Gästen und Höflingen fast unerschöpflich. Das rapide Ansteigen der Zugänge bis 1748, als die letzte vollständige Inventarisierung vor dem Ausbruch des Siebenjährigen Krieges erfolgte, macht das deutlich. Doch über den praktischen Belangen steht der Wunsch nach glanzvoller Bereicherung der Bestände, die immer stärker den Charakter einer fürstlichen Schausammlung annahmen, die man hochgestellten Gästen präsentierte.

Unter dieser Konstellation kommt den nun eintreffenden Suhler Meisterwerken eine hervorragende Rolle zu. «Vorstehende zwey Büchßen sind von Joh: Nicol: Stokmar und beyden Söhnen in Heydersbach bey Suhla gefertiget und am 9. July 1741 von dem Gewehr-Factor Friderici erkaufft worden», heißt es im Inventar.

Hier ist zum ersten Mal bei den Suhler Waffen ein Meister mit Namen genannt, ein deutlicher Hinweis auf den Rang, den man ihm und seiner Werkstatt beimaß. Die Wertschätzung der Arbeit durch den Fürsten galt aber, genau besehen, mehr ihrem Bezug auf die eigene fürstliche Person. Ungeachtet der Einmaligkeit dieser Büchsen, die man wohl ermessen konnte, ließ man den Künstler, der sie verfertigt hatte, zum Bittsteller werden. Mit einem Gesuch um Bezahlung wandte sich Nikolaus Stockmar an die Königliche Chatoulle und nannte: «an 1200 Reichsthaler – vor jedes Stück 600» als Preis! Das ist eine gewaltige Summe, wenn man berücksichtigt, daß ein Olbernhauer Infanteriegewehr mit Messingmontierung zur gleichen Zeit einen Preis von 5 Talern hatte. Zur Erklärung seiner Forderung schreibt er: «Daß mir, in Ansehung ich vor meine bey den iezo überreichten 2 Büchßen gehabten sauren Arbeit und Mühe auch vielen Aufwand nichts übrig habe.»

Gleichzeitig macht Nikolaus Stockmar in dem Schreiben auf den Umstand aufmerksam, daß ihm nachträglich, auf ausdrückliches Betreiben des Hofes, die Komplettierung der Büchsen zu vierteiligen Garnituren aufgetragen worden sei. Somit sind die sich heute als Garnituren präsentierenden Waffen in zeitlichem Abstand voneinander entstanden: 1741 die Büchsen, 1742 die Flinten und schließlich 1744 die Pistolen. Damit ist zwar über die Fertigungsdauer der einzelnen Waffen noch nichts Verbindliches auszusagen, immerhin aber ist erwiesen, daß die Herstellung zweier so exzellenter Prunkflinten innerhalb Jahresfrist möglich war.

Von nun an reißen Auftrag und Lieferung zwischen Dresden und Suhl nicht wieder ab. In dichter Folge liefert die Werkstatt Johann Nikolaus Stockmars, die er gemeinsam mit seinen beiden Söhnen betreibt, an den Hof. Dabei sind sämtliche Waffen von Johann Christoph Stockmar signiert. Selbst als er 1747 stirbt, setzt sein Bruder Johann Wolfgang Heinrich Stockmar die Lieferung bis 1749 fort.

Seit 1747, dem Todesjahr Johann Christoph Stockmars, gelangen auch zwei unsignierte Gewehrpaare und zwei weitere vierteilige Garnituren nach Dresden, die als «von Kolben aus Suhle geliefert» bezeichnet werden. Mutmaßlich handelt es sich dabei um einen Mitarbeiter der Stockmar-Werkstatt, der brillant aussehende, teilweise mattvergoldete Rokokowaffen lieferte. Seine an Routine grenzende Leichtigkeit, ja Flüchtigkeit in der Detailbehandlung hält dem Vergleich mit Stockmars eigenhändigen Waffen nicht stand. Zwei vollständige Stockmar-Garnituren erhielt Kurfürst Max Joseph von Bayern 1747 anläßlich seiner Vermählung mit einer sächsischen Prinzessin zum Geschenk. Die beiden Büchsen haben sich als Reste dieses Hochzeitsgeschenkes bis heute im Bayerischen Nationalmuseum erhalten.

Um die Mitte des 18. Jahrhunderts wird die Dresdener Sammlung um ein Gewehr bereichert, das mit dem Namen Johann Stephan Seebers, des aus Suhl stammenden Hofgraveurs am sächsischen Hofe, verbunden ist. Seine Ausstattung, an «Lauf und Schloß á la Mosaique gestochen und überall mit massiv goldenen Schnörkeln und Zierathen eingelegt», ist wahrhaft preziös und von unübertrefflicher Eleganz. Die Krone über dem sächsisch-polnischen Wappen ist als Kleinod mit zwanzig kleinen Brillanten besetzt. Der wiederholt

6 Allegorie des Wassers vor der Stadtansicht von Suhl,
vermutlich von 1780

auch als Schäfter bezeichnete, im Verschneiden von Gold und Silber nachweisbar geübte Künstler hat mit diesem Gewehr zweifellos ein Spitzenwerk des europäischen Rokoko auf dem Gebiet des Kunsthandwerks geschaffen.

Noch im Verlauf des Siebenjährigen Krieges, als der sächsische Hof seine Residenz Dresden den siegreichen Preußen einräumen mußte und sich nach Warschau zurückzog, gelangten neue Luxuswaffen aus Suhl in den Besitz des Königs. Während die Bestände des Leibgewehrs wie auch wichtige Teile des sächsischen Staatsschatzes und Kunstbesitzes auf dem von preußischen Truppen eingeschlossenen Königstein lagerten und dem sächsischen Hof unerreichbar waren, benötigte man dringend Ersatz, denn Hofjagden, Schießbelustigungen und Feste sollten ja unvermindert weitergehen. Deshalb arbeiteten mehrere Dresdener Büchsenmacher wie Johann Leopold Milotta, Philipp Müller und Johann Joseph Futter, die man nach Warschau berufen hatte, an der Vervollständigung des auch sonst gewöhnlich auf Reisen mitgeführten Waffenbestandes. Viele dieser Waffen sind ohne die sonst unerläßliche Dekoration gearbeitet und tragen hinter dem Meisternamen Warschau als Ortsbezeichnung. Um so willkommener werden die mit dem Namen des Suhler Büchsenmachers und Büchsenhändlers Johann Wilhelm Spangenberg signierten Waffen gewesen sein, die gerade zu dieser Zeit in die Hände Augusts III. gelangten. Von Johann Wilhelm Spangenberg kam 1760 ein Paar schwerer Radschloßgewehre für das Scheibenschießen nach Warschau, von dem man annehmen kann, daß es bald nach Kriegsausbruch gefertigt und dekoriert wurde, bevor ungeheure Kriegslieferungen und bald auch die Kriegswirren selbst die Luxuswaffenherstellung Suhls erneut und diesmal für lange Zeit lahmlegten. Der virtuos gehandhabte Eisenschnitt an Schloß und Beschlägen weist auf die bereits traditionellen Erfahrungen auf diesem Gebiet, aber auch auf eine nicht mehr steigerungsfähige, bis zum Äußersten ausgeschöpfte Schmucklust hin. Statt der noch wenige Jahre zuvor praktizierten szenischen Ausschmückung beschränkte man sich nunmehr auf eine schwungvolle Zierkante und ließ hauptsächlich das spiegelblank polierte Metall zur Wirkung kommen. Gewisse sich schon früher ankündigende handwerkliche und technische Unzulänglichkeiten, vielleicht auch von dem Nachlassen der Erzvorkommen beeinflußt, traten stärker hervor. Unreinheiten und Unregelmäßigkeiten im Metall der Schlösser beispielsweise konnten durch den äußeren Glanz der Bearbeitung kaum noch notdürftig überdeckt werden.

1762 präsentierte der vormals allmächtige, luxuriöse Premierminister Graf Heinrich von Brühl dem König ein Prunkgewehr mit übereinanderliegenden, gezogenen Läufen. Ein Jahr vor der endgültigen Kapitulation, die im Vertrag von Hubertusburg August III. zu einem König dem Namen nach werden ließ, versuchte sich der Günstling, der maßgeblichen Einfluß auf den Verlauf des Krieges ausübte, seinem Herrn durch dieses Waffengeschenk gefällig zu erweisen. Dem verfeinerten Geschmack dieses späten Rokoko entsprechend, ist auf besonders zierliche, lockere Dekoration Wert gelegt worden. Ihre Besonderheit besteht darin, daß «Schlößer und Montur à plusieurs d'ors eingelegt» sind. Hinter dieser französischen Bezeichnung für die Verzierungstechnik verbirgt sich Zierat aus verschiedenfarbigem Gold. Durch unterschiedliche Zusätze, die von den Goldschmieden erprobt worden waren, um diesem kostbaren Material auch noch farbige Reize abzugewinnen, gelang es, das Gold durch einen höheren Kupferanteil rötlich, in anderen Fällen gelblich oder durch einen Cadmium- und Silberzusatz grünlich zu tönen. Die auf diese Weise verzierte Waffe Spangenbergs markiert nicht nur für die Dresdener Sammlung den letzten Höhepunkt an Suhler Prunkwaffen der höfischen Periode.

Schon im darauffolgenden Jahr, 1763, fand mit dem Ende des Siebenjährigen Krieges auch diese glanzvolle höfische Epoche des sächsisch-polnischen Königtums nach ungeheuren Opfern für Sachsen ihr Ende, durch Kriegslasten und Gebietsverluste gekennzeichnet. Beide Hauptakteure, August III. und sein Günstling Graf Brühl, überlebten die Niederlage nur um wenige Monate.

Für Suhl aber, das gewöhnlich durch seine immensen Waffenlieferungen zu bürgerlichem Wohlstand gelangte, war schon mit der verheerenden Brandkatastrophe von 1753 ein neuer Entwicklungsabschnitt angebrochen. Der Bedarf an Luxuswaffen war am sächsischen Hof infolge der Verschuldung des Landes nahezu erloschen. Die Voraussetzungen für ihre Herstellung aber, ein blühender, weltoffener Gewehrhandel und das hochspezialisierte handwerksgebundene Wirtschaftsgefüge, waren aufs schwerste erschüttert. Für die Gewehrproduktion bahnte sich unaufhaltsam der Weg ins Maschinenzeitalter an. Friedrich Engels hatte Grund, rückblickend auf den Beginn des 19. Jahrhunderts von diesem Gewerbe als von einem der rückständigsten zu sprechen. In Suhl gewinnen Funktionalität, sparsamer Materialverbrauch und hohe Stückzahlen für lange Zeit wieder die Oberhand. Unter diesen wirtschaftlichen Bedingungen gelangte Suhl 1815 in preußischen Besitz. Seine Lage am äußersten Rande des preußischen Territoriums und die leistungsfähigen Gewehrfabriken von Potsdam und Spandau, die die für Suhl bereits bestehende Konkurrenz verstärkten, schmälerten die Lebensgrundlage dieser Stadt noch mehr.

Die grundlegende Wandlung im Geschmack, die sich zu Beginn des 19. Jahrhunderts vollzogen hatte, äußerte sich deutlich im Charakter des nun in Suhl erzeugten sogenannten feinen Gewehrs. Heinrich Anschütz faßte ihn 1812 in einem programmatischen Satz zusammen: «Demohngeachtet ist man jetzt auf die richtigen Grundsätze der Simplicität zurückgekommen, vermeidet ohnnötigen Zierat und das Zerbrechliche, verlangt dagegen aber vom Wesentlichen einen solchen Grad der Vollkommenheit und Entsprechen des Zweckes, das die jetzigen Jagdgewehre mit den älteren gar nicht verglichen werden können.»

Damit wird dem prunkvollen, höfisch verspielten Luxusgewehr der feudal-absolutistischen Epoche ein neues, bürgerlich geprägtes Ideal auf dem Gebiet der Feuerwaffe entgegengesetzt.

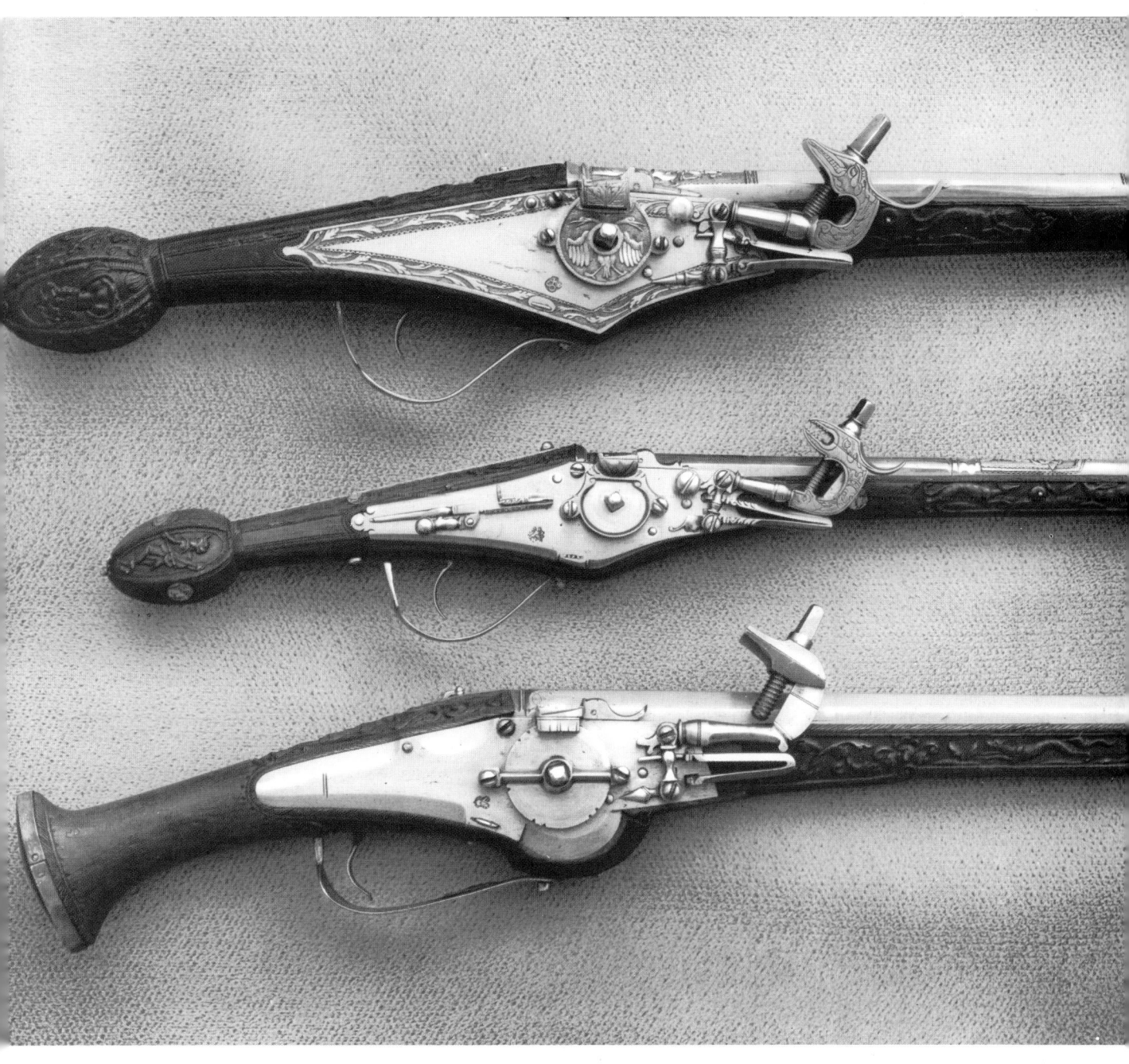

7 Drei Radschloßpistolen,
um 1615

33

8 bis 10 Laufdetails einer Radschloßpistole von Meister W H
11 und 12 Detail einer Radschloßpistole von Meister W H, um 1615

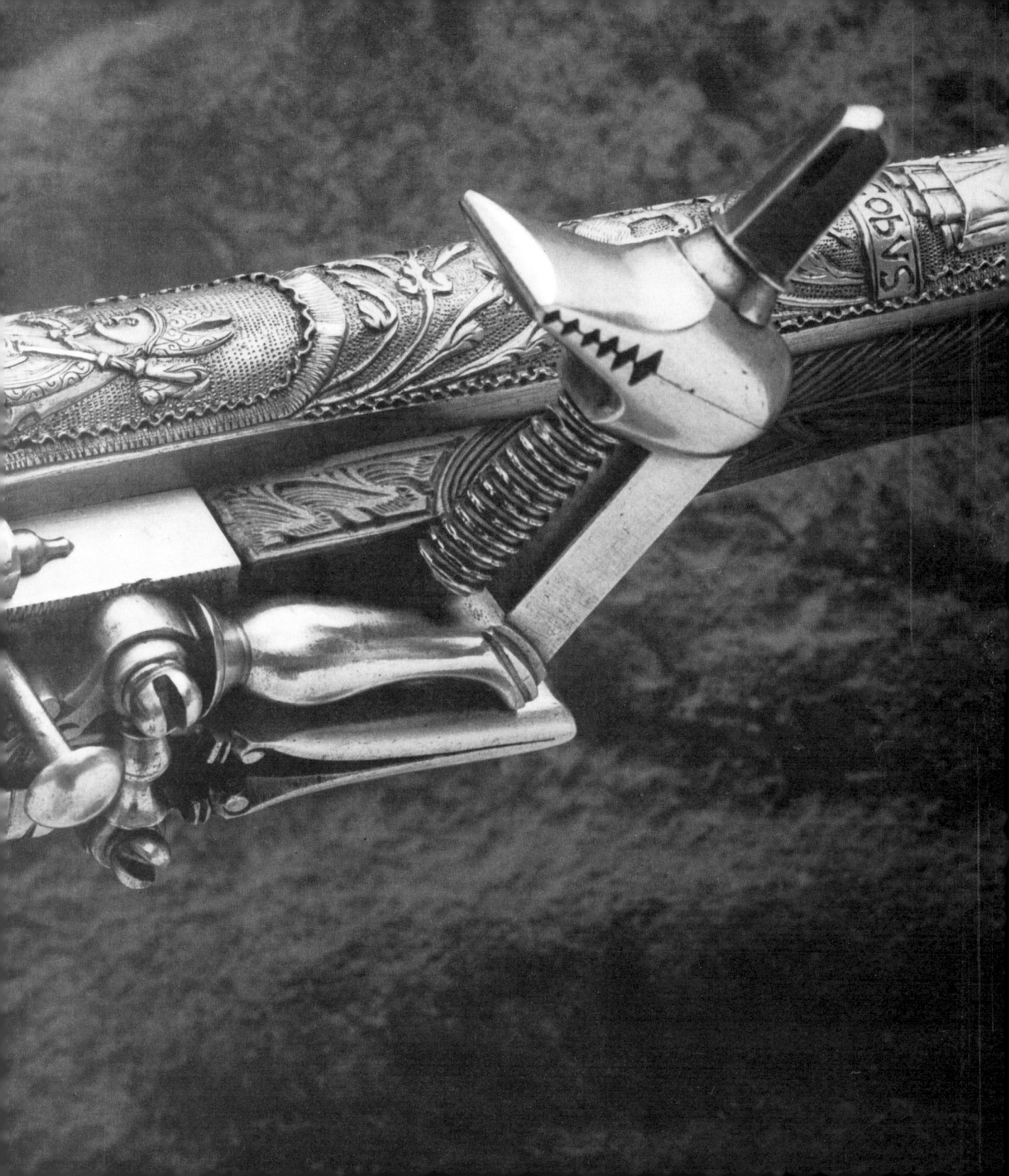

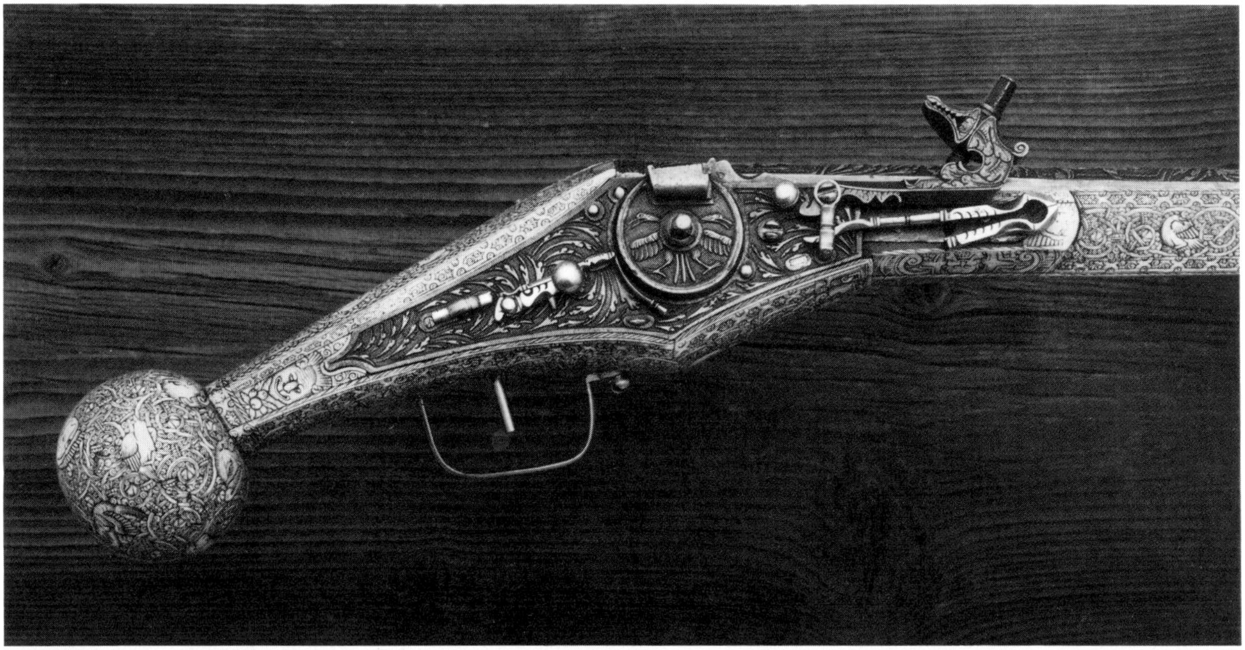

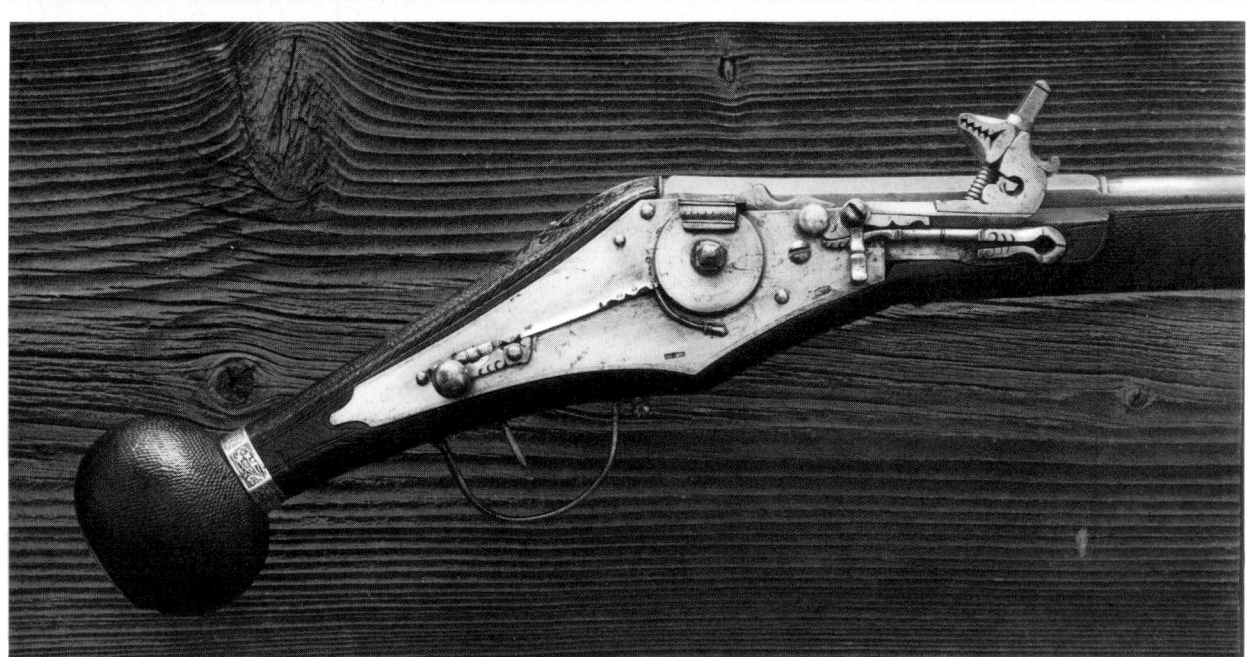

13 und 14 Zwei Radschloßpistolen von Meister H B, Ende 16. Jh.
15 Schaftdetail einer Pistole von Meister H B, Ende 16. Jh.

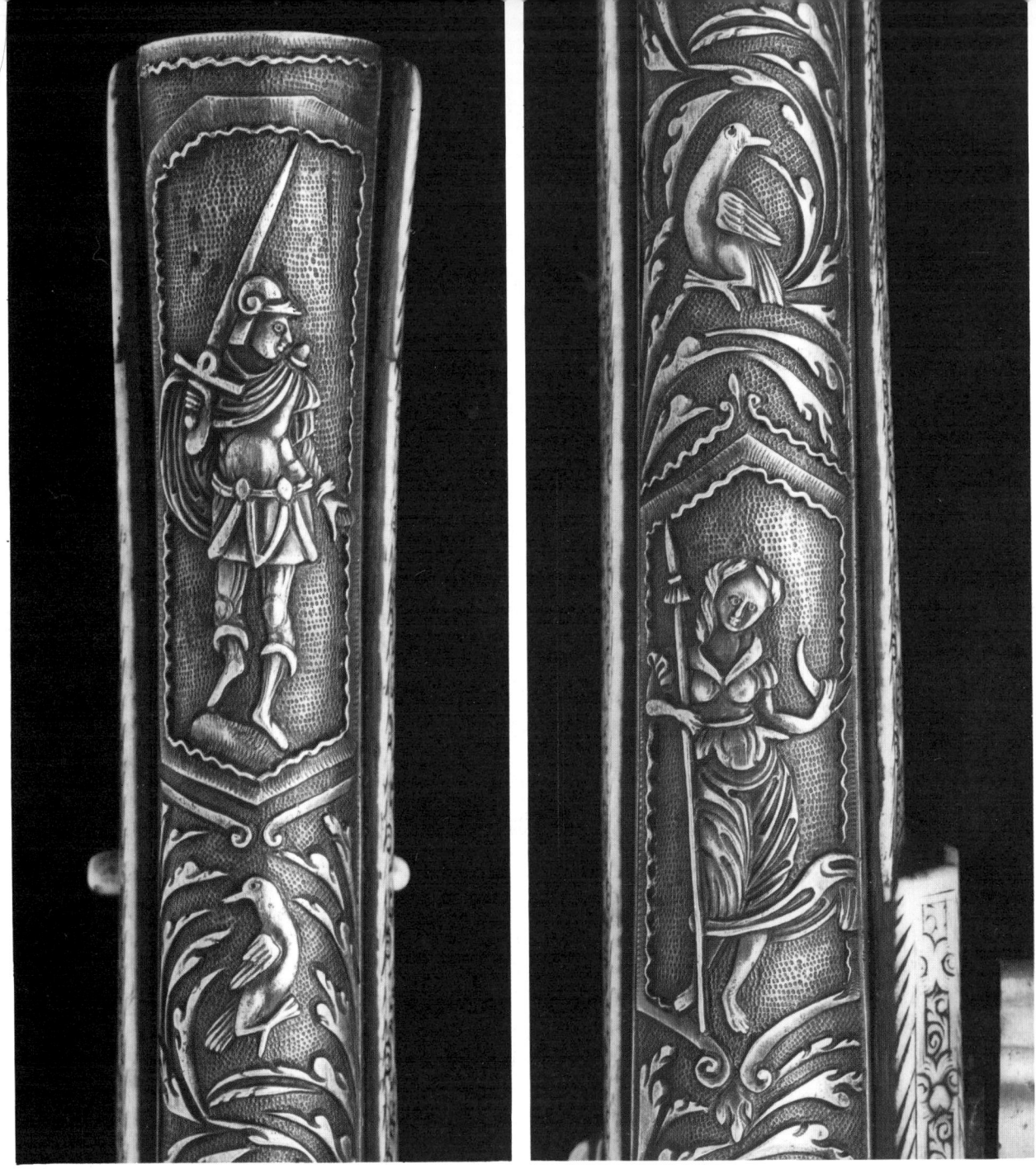

16 und 17 Laufdetails einer Pistole von Meister H B, Ende 16. Jh.
18 Ein Paar Radschloßpistolen von Meister W H, um 1615

19 Zwei Kolbenplatten
20 Steinschloßgarnitur von Meister G M, um 1730

21 Steinschloßgarnitur von Meister G M, um 1730
22 Zwei Schaftdetails

23 Steinschloßgarnitur von J. G. Kolb, 1747
24 Steinschloß und Gegenplatte von J. S. Seeber, 1750

25 Vier Schuber
26 Zwei Radschloßpistolen von Meister N Z, um 1610

27 Schaftdetail einer Pistole von Meister I Z, um 1615
28 Hahn einer Radschloßpistole von Meister N Z, um 1610

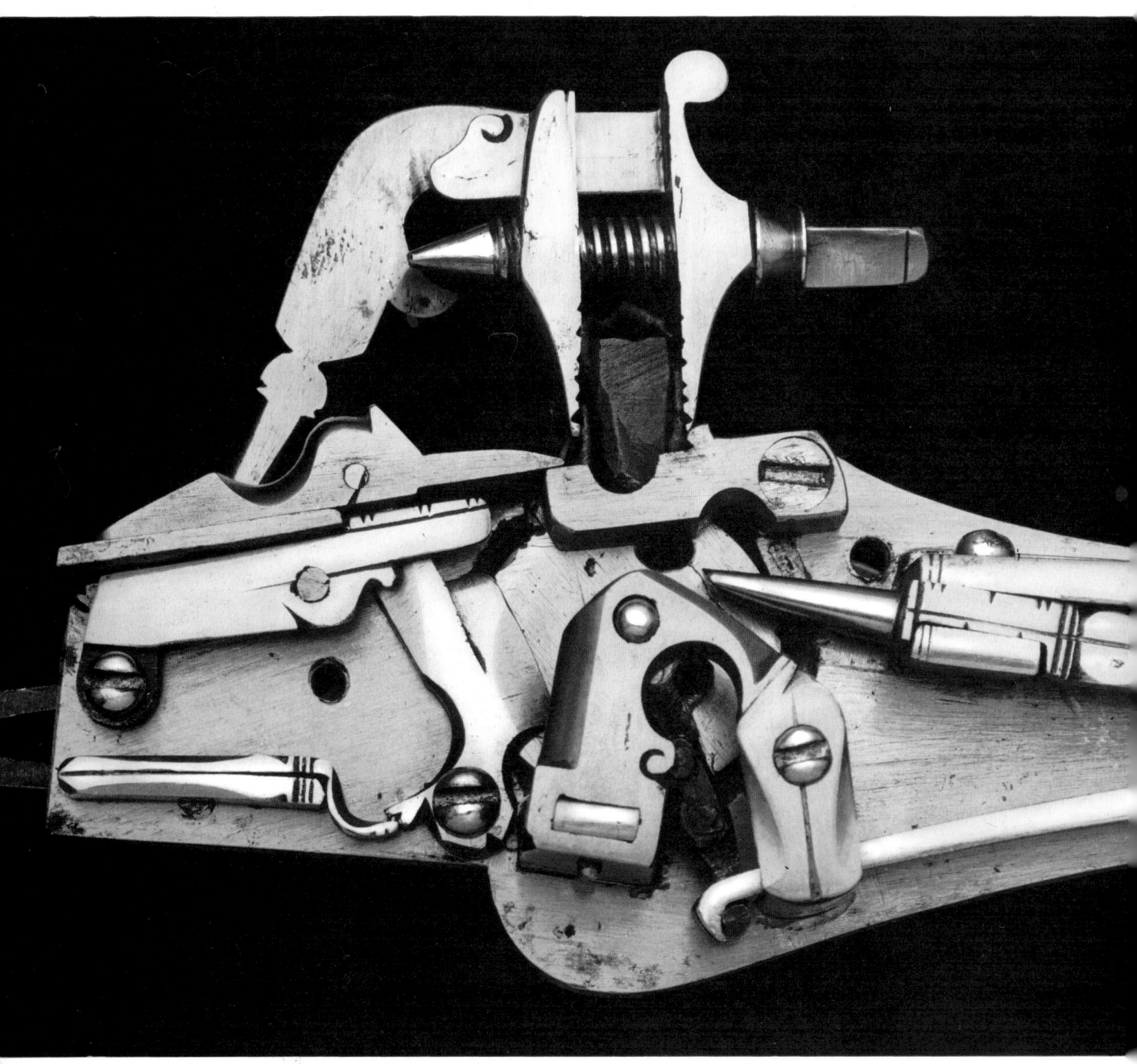

29 Radschloß von Meister N Z, um 1610
30 Schaftdetails zweier Radschloßpistolen, um 1610

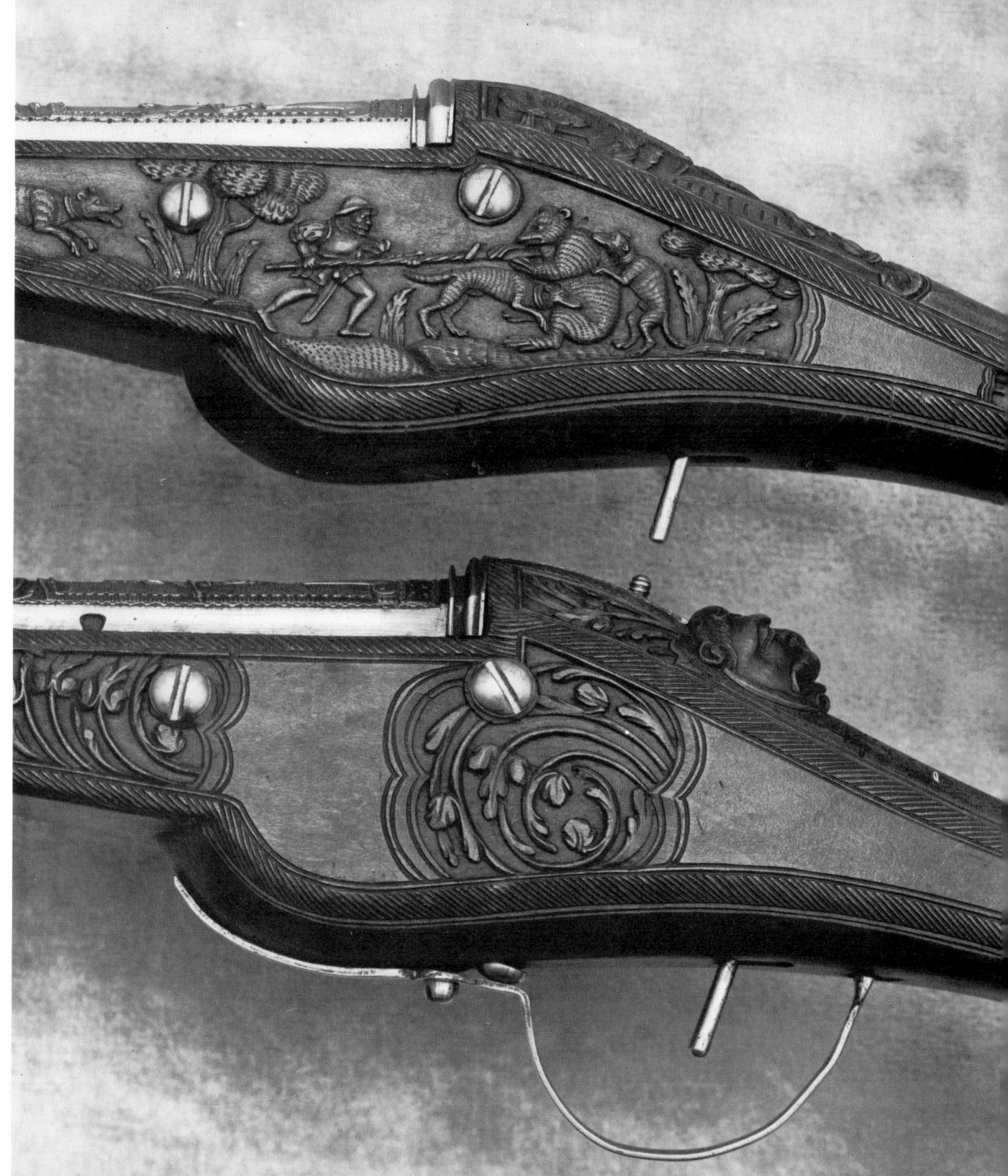

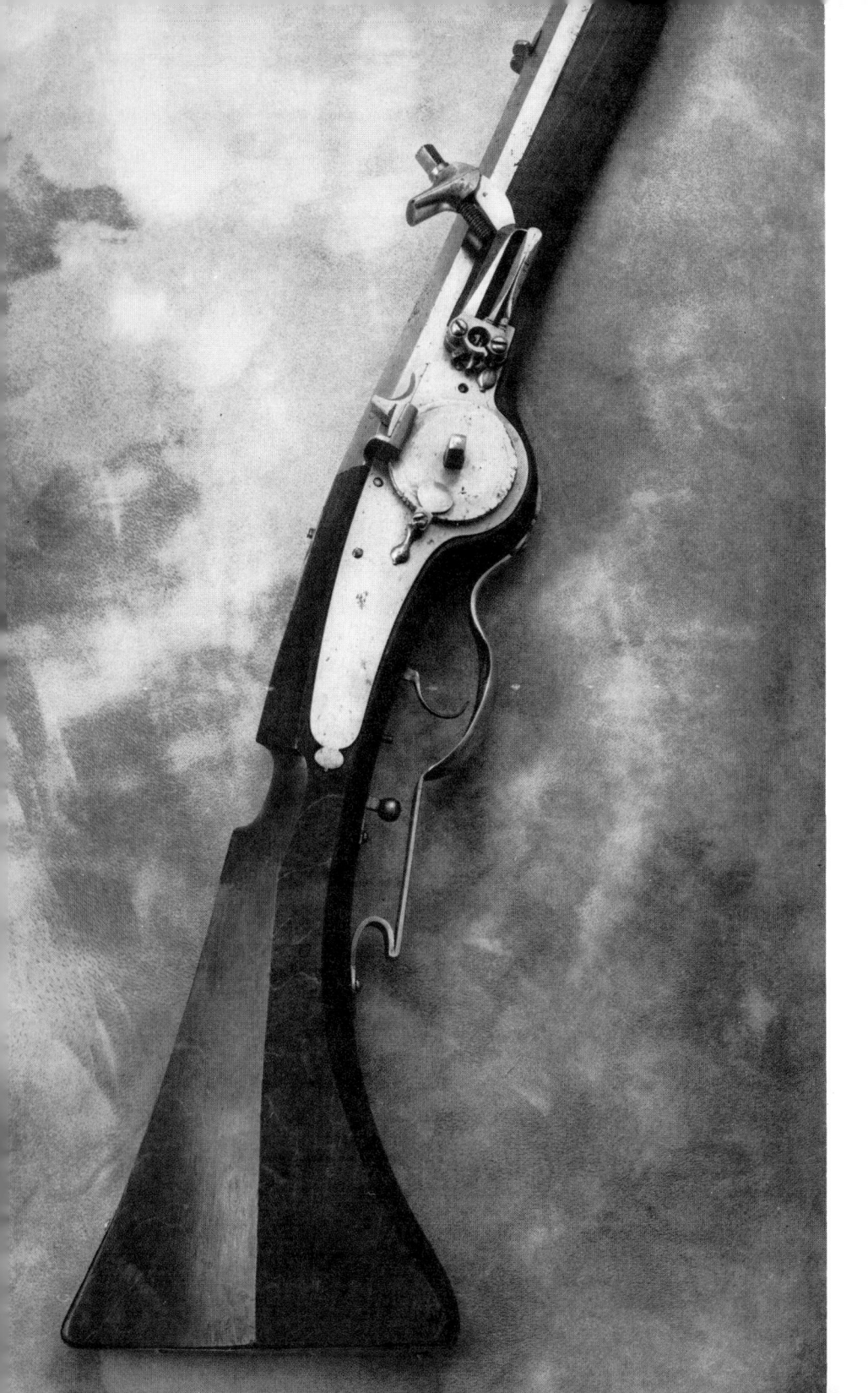

31 Radschloßgewehr
von Meister I R,
um 1630
32 bis 34 Laufdetails
einer Pistole
von Meister N Z,
um 1610

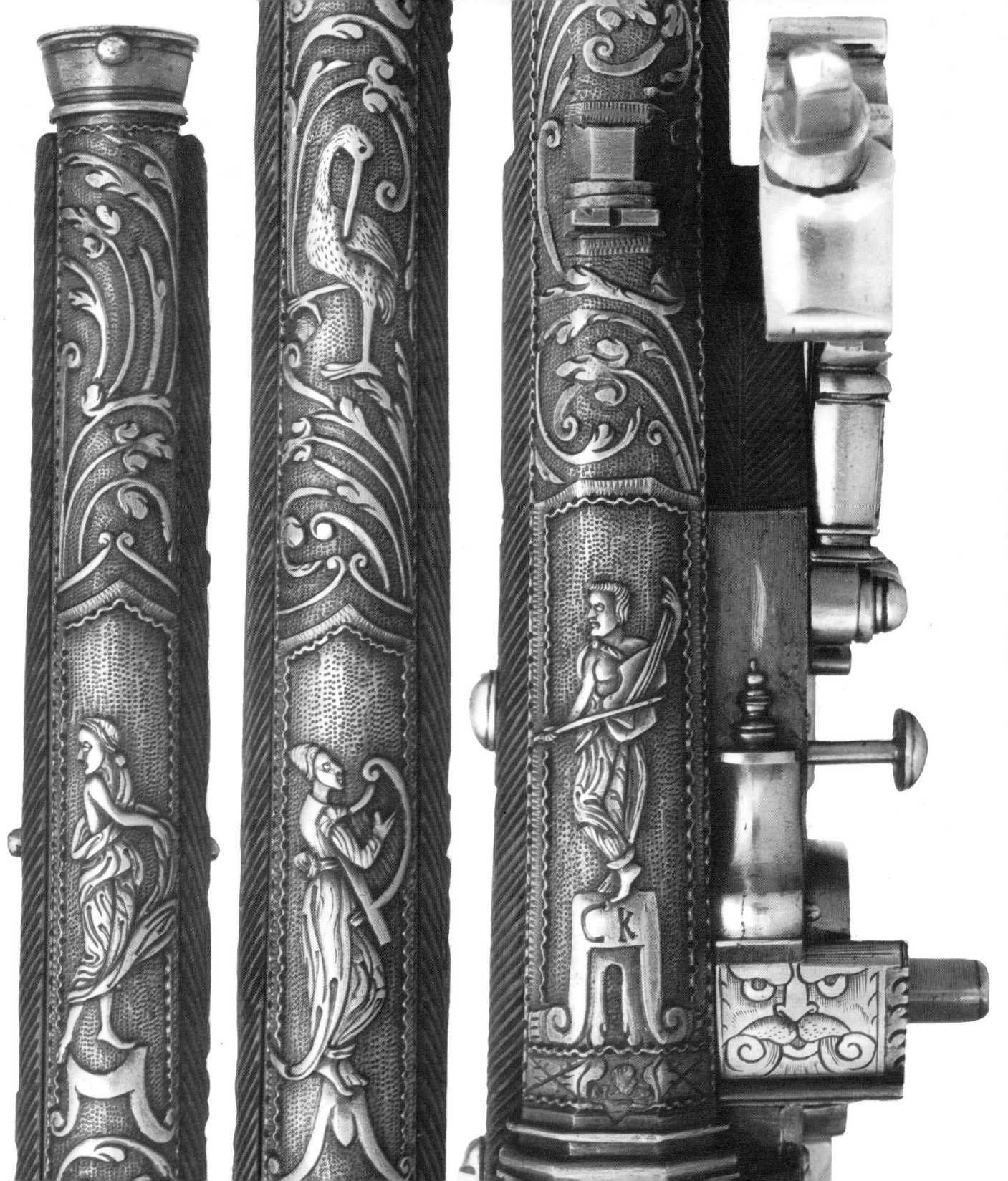

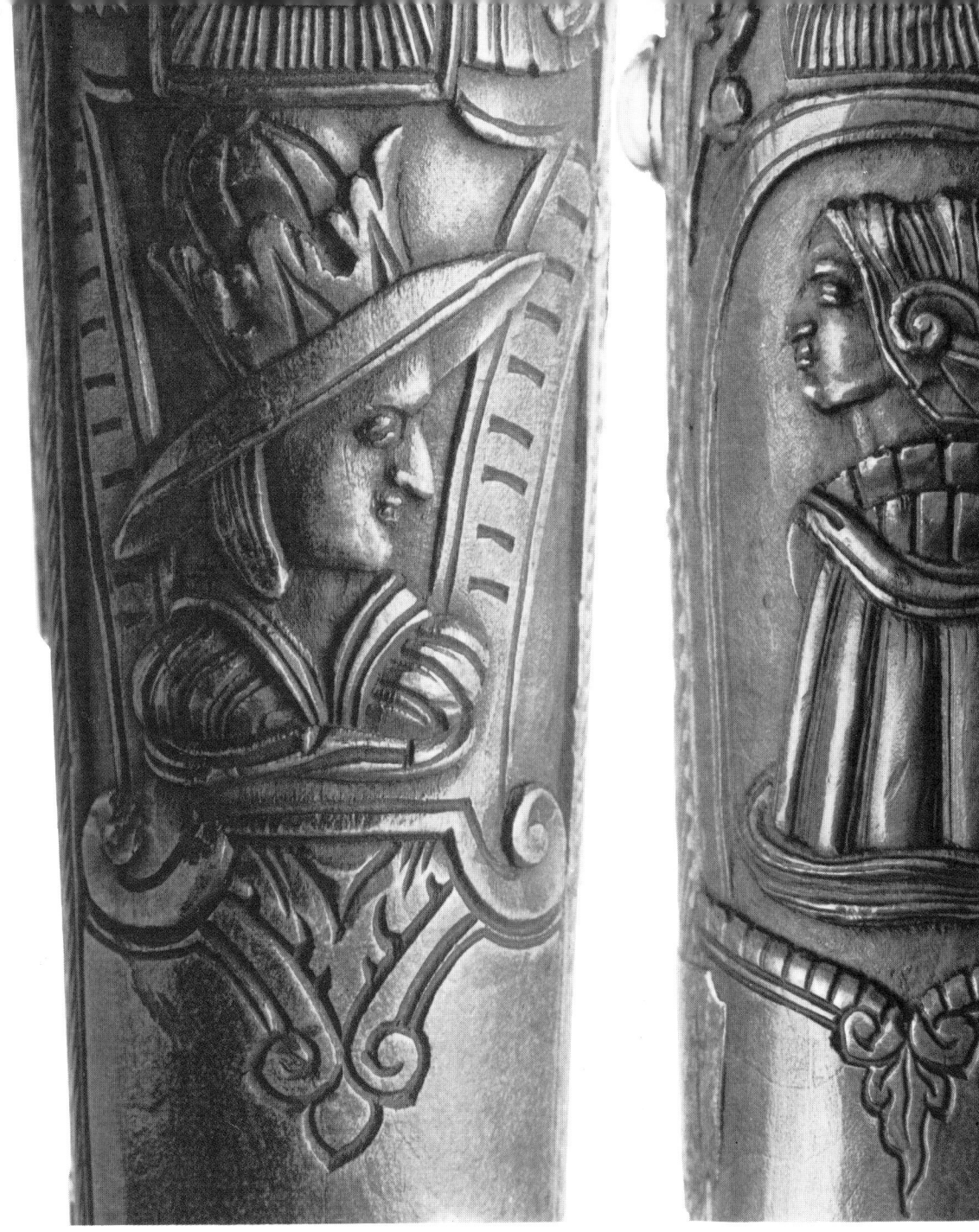

35 und 36 Schaftdetails zweier Pistolen
von Meister N Z, um 1610

37 bis 40 Knaufverschneidungen
einer Pistole von Meister N Z

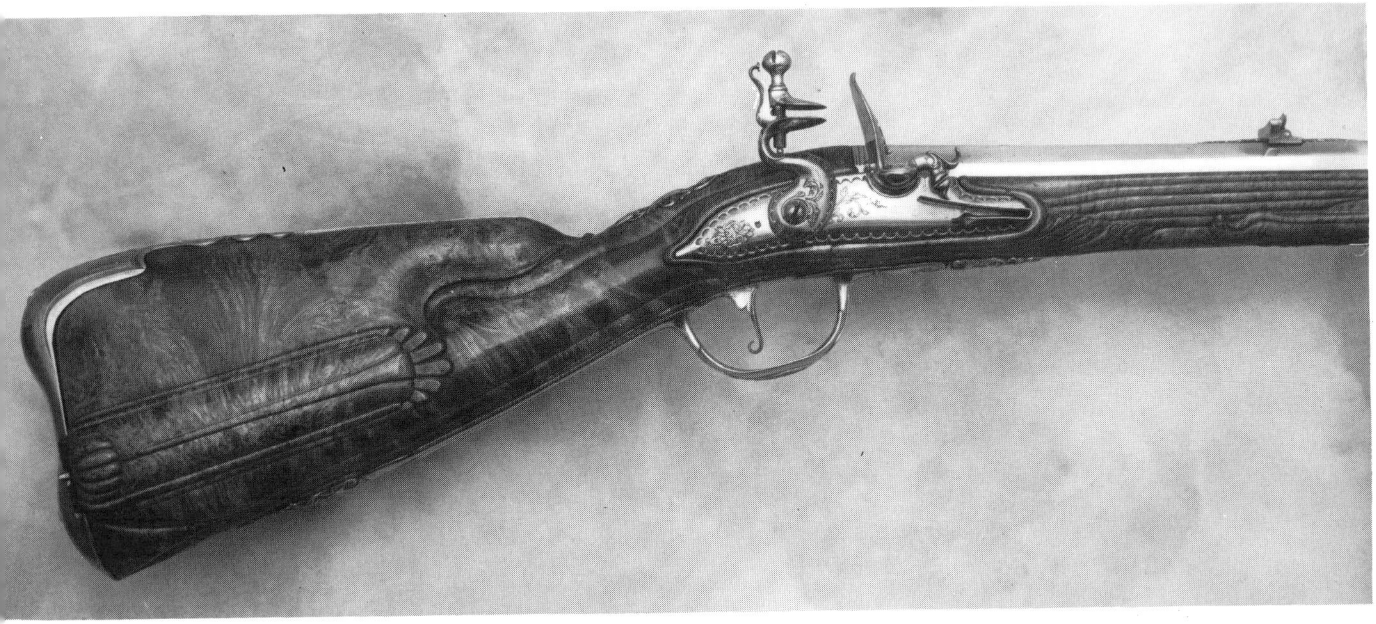

41 Steinschloßgewehr
von J. M. Hoffmann, 1697
42 Kolbenplatte
eines Steinschloßgewehres, 1697

43 Steinschloß von J. M. Hoffmann, 1697

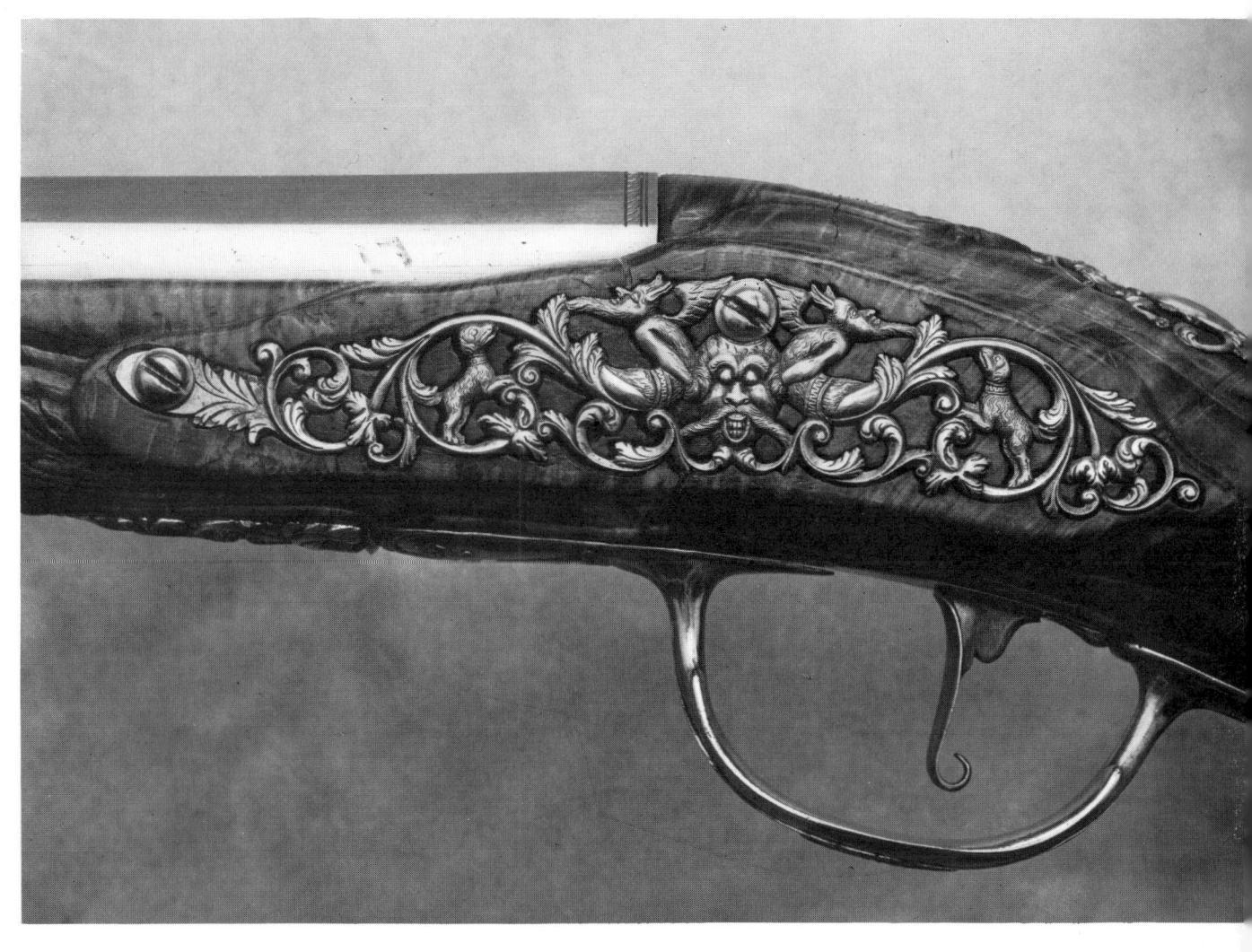

44 Steinschloßgarnitur von Meister M F, um 1740
45 Gegenplatte des Gewehres von J. M. Hoffmann, 1697

46 Steinschloß von Meister G M, um 1730
47 Steinschloß von Meister G M, um 1730

48 Vier Gegenplatten
49 Drei Gewehrläufe

64

50 Zwei Kolbenplatten
51 Zwei Fortsätze von Kolbenplatten

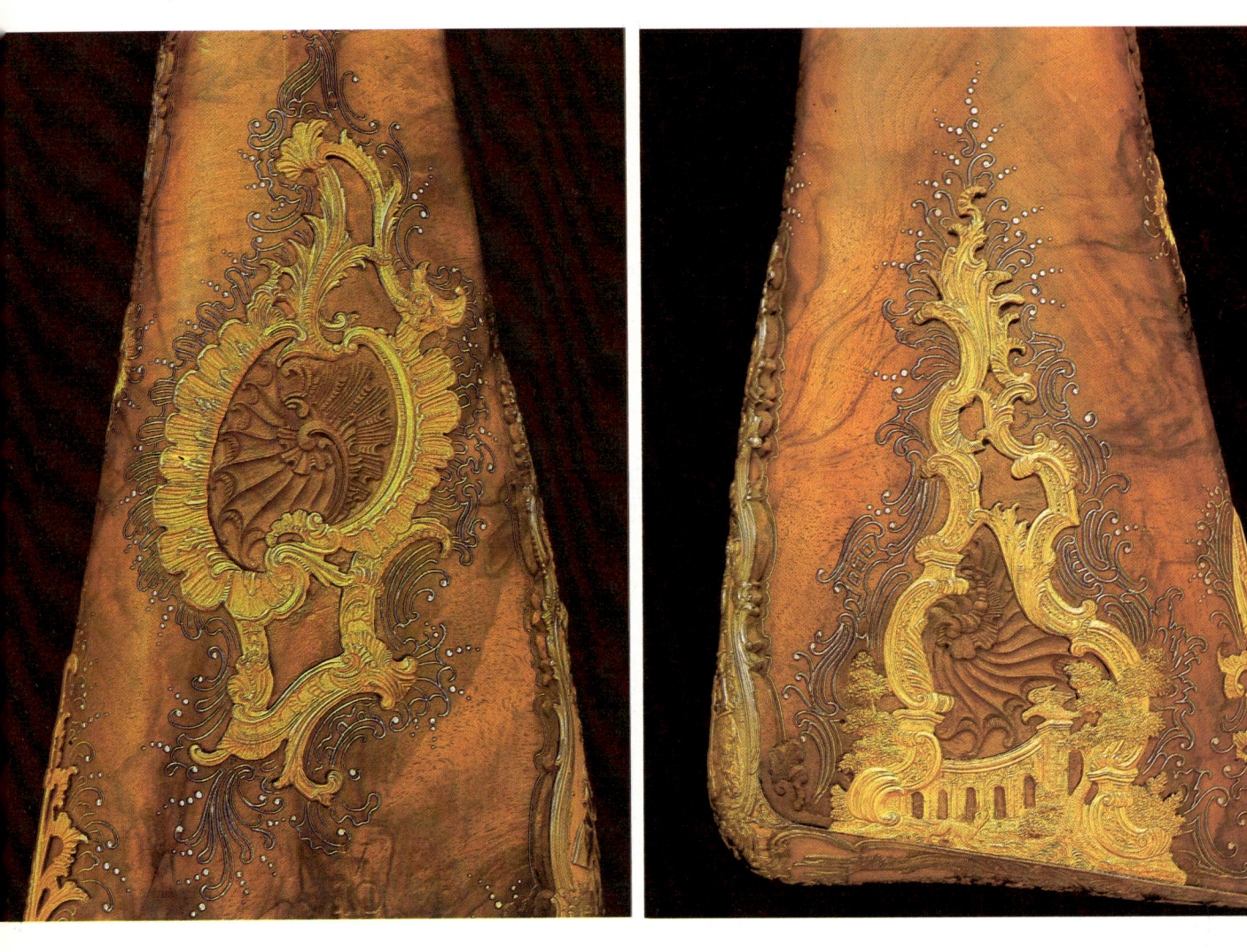

52 Steinschloßgarnitur von J. C. Stockmar

53 und 54 Schaftverschneidung eines Stockmar-Gewehres

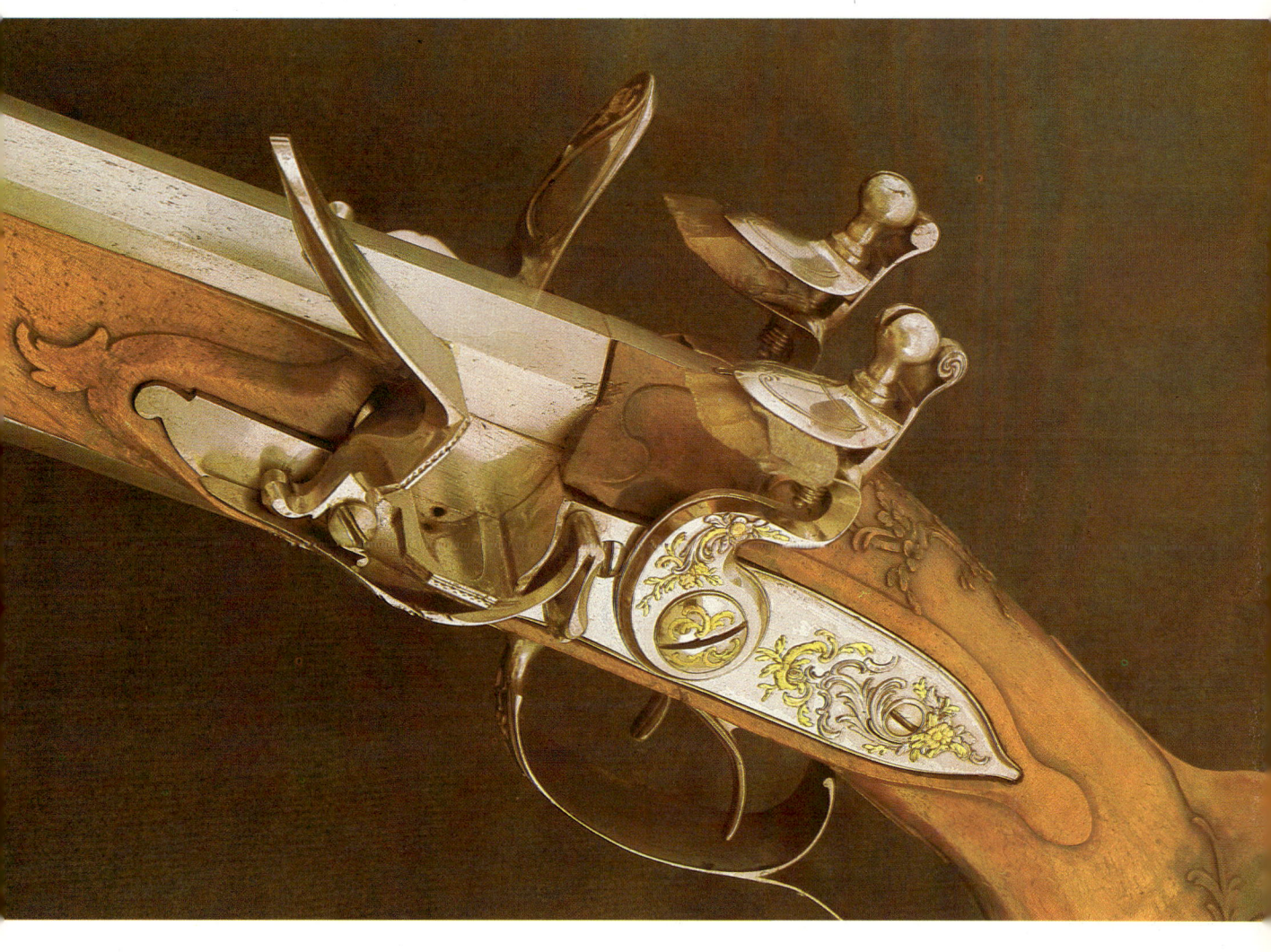

55 Steinschloßgewehr
von J. W. Spangenberg, um 1762

71

56 Eisenschnitt
eines Kolb-Gewehres
57 Kolbenplatte
eines Gewehres
von Meister G M,
um 1730

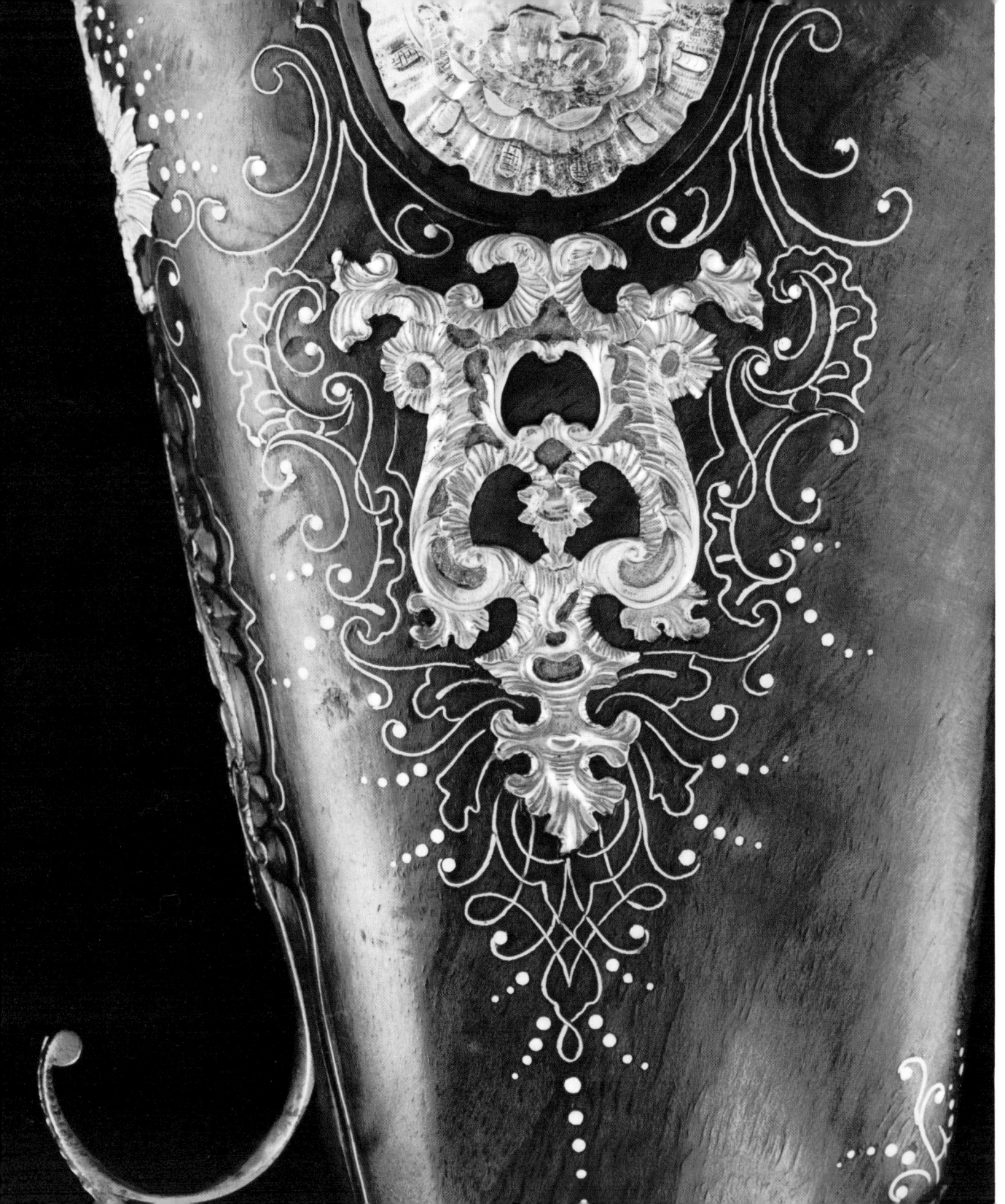

58 und 59 Schaftdetails
eines Stockmar-Gewehres

60 Zwei Radschlösser von J. W. Spangenberg, um 1760

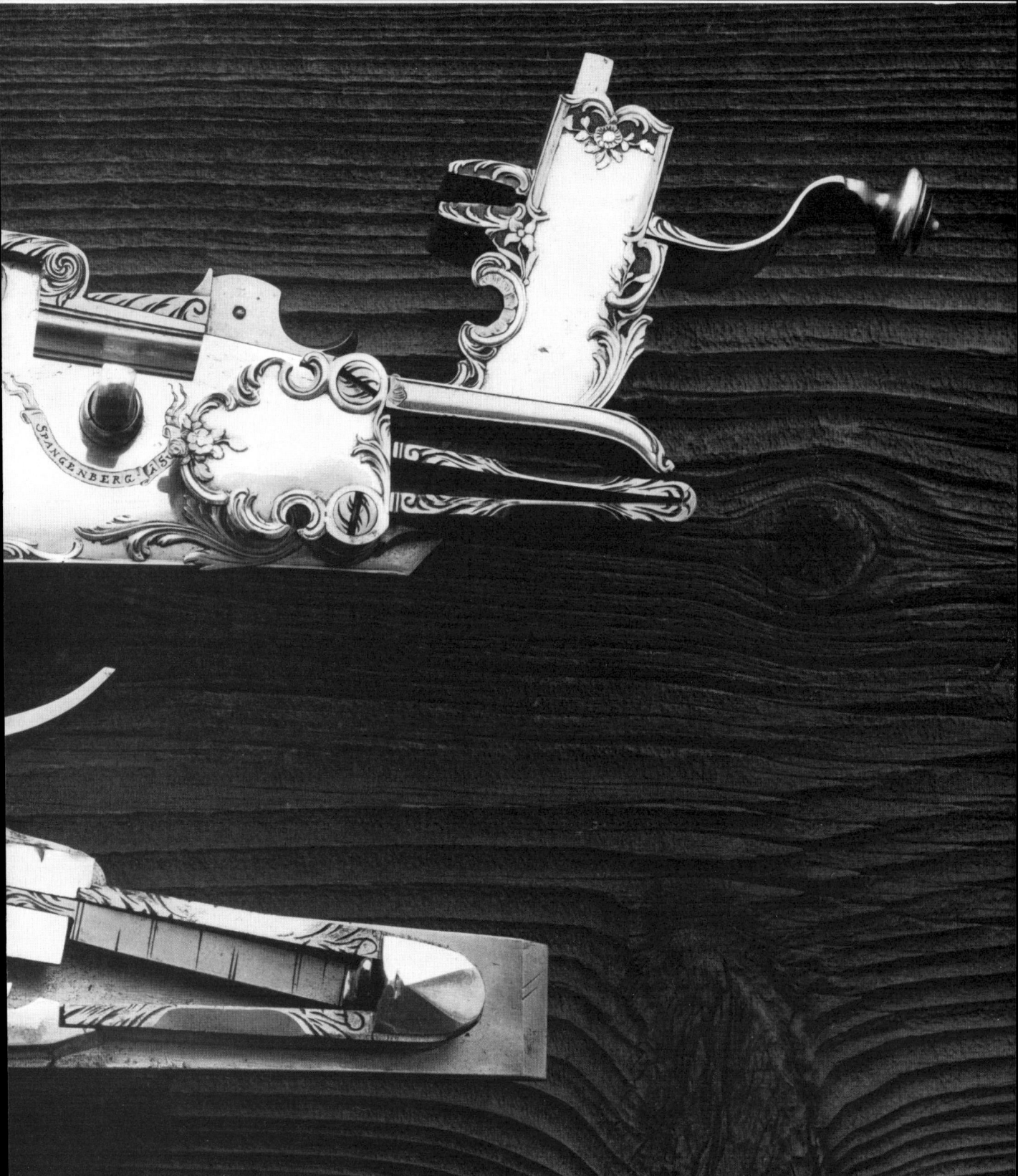

61 bis 64
Vier
Daumenbleche
65 Schaft-
verschneidung

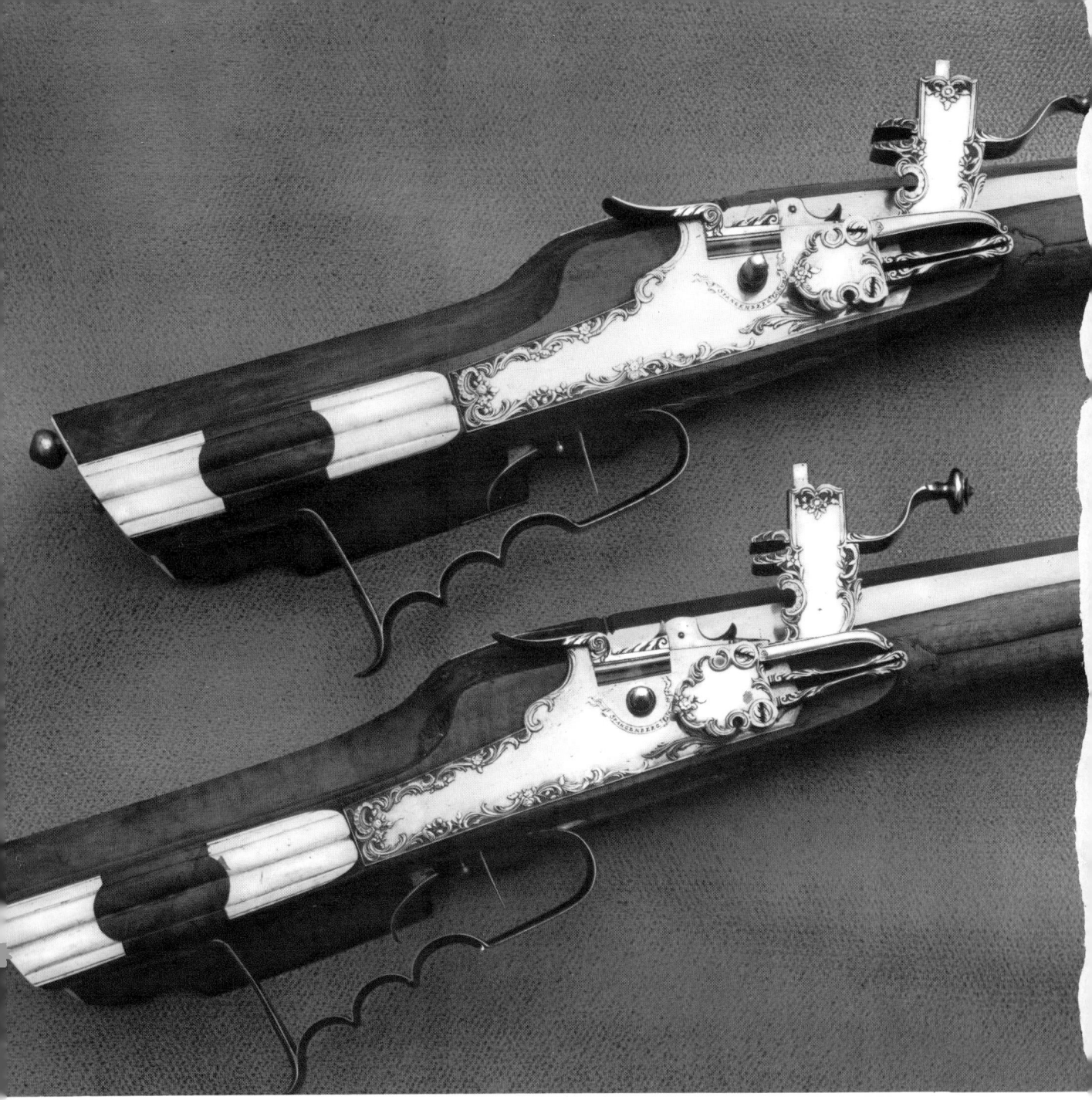

66 Ein Paar Radschloßgewehre
von J. W. Spangenberg, um 1760

1 Kupferstich
Vor dem Porphyrmassiv des Domberges mit dem Ottilienstein (520 m) nimmt sich das Suhl von der Mitte des 18. Jahrhunderts recht bescheiden aus.
vermutlich von J. G. Kolb, Mitte 18. Jh.
aus: Suhler Gesangbuch von 1777

2 Glasscheibe
Die sechseckige, handtellergroße geschliffene Scheibe ist mutmaßlich mit einer Stiftung an die Kirche verbunden gewesen. Von Ornamenten umrahmt, zeigt sie ein Paar gekreuzter Pistolen, wie es dem Innungssiegel der Suhler Büchsenschäfter entspricht, ergänzt durch eine Büchse. Die als unterer Abschluß angebrachten Initialen deuten auf die Namen einzelner Innungsmeister.
Suhl, Hauptkirche, 1759

3 Kupferstich
Der Einblick in die Büchsenmacherwerkstatt läßt zunächst unterschiedliche Arbeitsgänge erkennen. Im Hintergrund werden auf der mit der Lochscheibe versehenen Laufziehbank Züge in den Büchsenlauf geschnitten, vorn arbeitet ein Geselle an dem mit einem Schwungrad betriebenen Bohrwerk. Einzelne Schäfte, Läufe und Schlösser lassen den Arbeitsablauf erkennen, als dessen Ergebnis auch fertige Waffen dargestellt sind.
aus: Christoph Weigels Ständebuch von 1698

4 Siegel
Unter den Innungssymbolen befinden sich neben Pistolenlauf, Schlüssel und Sporn der in der Umschrift genannten Handwerke auch noch der Zeiger der Großuhrmacher und die Armbrustwinde der Windenmacher, die erst seit 1767 in Suhl bei der gleichen Innung erwähnt werden.
Suhl, Mitte 18. Jh.

5 Zeichnung
Die Vorlage, eine Schäfterzeichnung, wurde 1702 von dem Meisteranwärter Nikolaus Hoffmann der Danziger Innung zur Begutachtung vorgelegt. Erst wenn die Innung ihre Zustimmung gegeben hatte, konnte die in der Größe des Gewehres angefertigte Zeichnung zur Herstellung des Gewehrschaftes als Meisterstück benutzt werden.
Danzig, 1702

6 Kupferstich
Entsprechend der topographischen Beschreibung Suhls, zu dessen natürlichen Reichtümern die Wasserkraft gerechnet wird, ist es hier in Verbindung mit einer Allegorie des Wassers dargestellt worden.
aus: Eckardtsches Tagebuch, Zittau, 1780

7 Drei Radschloßpistolen (siehe auch Abb. 27)
Die Unterschiedlichkeit dieser Pistolen in Gestalt und Gewicht wird ausgeglichen durch die Einheitlichkeit in der Vorlage der Schaftverschneidung.
Der blankeiserne Lauf der oberen Pistole ist an drei Stellen mit figürlichen Darstellungen in Eisenschnitt versehen und trägt als Marke ein A. Das blanke Schloß ist von einer Zierkante mit Blattwedeln gerahmt und trägt die Marke C W zu beiden Seiten eines Reichsapfels. Auf dem Raddeckel ist ein doppelköpfiger Vogel dargestellt. Der schwarzhölzerne Schaft zeigt Jagdmotive. Er endet als Eierknauf, in den weibliche Büsten geschnitten sind.
Meister C W, Suhl um 1615
Länge: 79,5 cm, Lauf: 56 cm, Gewicht: 1670 g
HMD J 425
Die mittlere Pistole besitzt einen kleinkalibrigen, blanken Lauf mit profilierten Enden. In der Laufmitte ist eine geflügelte Musikantin in Eisenschnitt dargestellt. Unter der Abzugssicherung des Schlosses ist die Marke I Z mit einem Greif eingeschlagen. Das Rad liegt offen und wird von einem Ring gehalten. Der Eierknauf des braunen Schaftes zeigt in den Feldern abwechselnd eine musizierende Frauengestalt und ein Perlmuttbildnis im Lorbeerkranz. Der mit Blattwerk und Jagdmotiven verschnittene Schaft zeigt auf der Schloßgegenseite zwei Gesichter in Elfenbein.
Meister I Z, Suhl um 1615
Länge: 71 cm, Lauf: 51 cm, Gewicht: 650 g
HMD J 558
Die Metallteile der unteren Waffe sind beinahe un-

verziert. Der Lauf ist durchgehend achtkantig und trägt die Marke B K über einem Hirschkopf. Das in französischer Art nach unten ausgebogte Schloß ist mit der Marke V K über einem Herz versehen. Das offene Rad wird von einer über den Vierkant gelegten Stange gehalten. Der Knauf der Pistole ist von spitz-ovaler Gestalt und wird von einem Messingband umschlossen. Die Schaftverschneidung, von Punktierung begleitet, zeigt wiederum Jagdmotive. Auf der Gegenseite befindet sich ein Schütze und darunter die Schäftersignatur S F.
Meister B K (Lauf), Suhl um 1615
Meister V K (Schloß) Meister S F (Schaft)
HMD J 447

8–10 Details der Radschloßpistole HMD J 274 (siehe auch Abb. 12 u. 18)
Die mühevolle Kunst des Eisenschnitts ist hier bis zur Charakterisierung der Gestalten ausgeprägt.

11 Detail der Radschloßpistole HMD J 275 (siehe auch Abb. 18)
Unbedenklich durchbricht der Gestaltungsdrang des unbekannten Schäfters das abgegrenzte Bildfeld.

12 Detail der Radschloßpistole HMD J 274 (siehe auch Abb. 8–10, 12 u. 18)
Der künstlerischen Meisterschaft steht die technische Präzision des Zubehörs in nichts nach.

13–14 Zwei Radschloßpistolen
Die gedrungenen, schweren, durch den Kugelknauf auffälligen Puffer vertreten den Prototyp der deutschen Reiterpistole des ausgehenden 16. Jahrhunderts.
Lauf und Schloß der reich verzierten Waffe sind gebläut und völlig mit Blattwerk in Eisenschnitt verziert. Am Laufende ist die Marke H B über einem laufenden Bären eingeschlagen. Das Schloß zeigt auf

dem Raddeckel einen doppelköpfigen Vogel. Die Abzugssicherung befindet sich auf der Schloßplatte. Der völlig mit winzigen Beinstücken (Hirschhorn) eingelegte Schaft ist mit einem Ornament aus Spiralen und Blattsprossen geschmückt.
Meister H B, Suhl Ende 16. Jh.
Länge: 56,5 cm, Lauf: 34 cm, Gewicht: 1940 g
HMD J 55
Von der Hand des gleichen Meisters stammt die schlichtere Waffe. Ihr Schaft ist geschwärzt und durch Punzierung des Holzes in der Art der sächsischen Puffer verziert. Eine silberne, gravierte Manschette und eine ovale Silberplatte mit dem kursächsischen Wappen auf dem Knauf machen sie als Adelswaffe kenntlich.
Meister H B, Suhl Ende 16. Jh.
Länge: 60 cm, Lauf: 37 cm, Gewicht: 2130 g
HMD J 1302

15 Detail der Radschloßpistole HMD J 55
Masken und Vögel beleben die Spiralen des Ornaments.

16–17 Detail der Radschloßpistole HMD J 55
In den Bildfeldern des Laufes sind u. a. an der Mündung der Kriegsgott Mars mit geschultertem Schwert und die Jagdgöttin Diana mit dem Spieß und der Mondsichel dargestellt.

18 Ein Paar Radschloßpistolen
(siehe auch Abb. 8–12)
Beide Läufe der schlanken Pistolen sind blankeisern und völlig durch Verschneiden des Eisens mit Blattwerk geschmückt. Dazwischen sind in einzelnen, untereinander liegenden Feldern die Gestalten von Jesus und seinen Jüngern auf punziertem Grund eingegliedert. Die Laufmarke zeigt die Buchstaben W H über einem Stern. Die Schlösser sind in der gleichen Weise mit Blattwedeln verschnitten und ebenso ge-

markt. Das Rad liegt offen auf der Schloßplatte und wird jeweils durch einen Ring gehalten. Die Sicherung gegen ungewolltes Auslösen des Schusses befindet sich auf der Schloßgegenseite.
Die reich mit Blattwerk verschnittenen hellbraunen Schäfte sind durch eine Fülle von Köpfen und Gestalten belebt, deren Gesichter und Glieder aus plastisch geschnittenem Elfenbein bestehen. Die Felder der eiförmigen Knäufe zeigen einander anblickende Gesichter.
Meister W H, Suhl um 1615
Länge: 75 cm, Lauf: 51 cm, Gewicht: 1770 g
HMD J 274/275

19 Zwei Kolbenplatten (Details zu HMD G 861 und G 899, siehe auch Abb. 22, 24 u. 49)
Die Initialen F(riedrich) A(ugust) R(ex) König August III. sind von Stockmar in den polierten Spiegel der Kolbenplatte gestellt worden. Besitzersignets und absoluter Herrschaftsanspruch sind aus allen Teilen dieser Garnitur, die eine Apotheose auf den König darstellt, ablesbar.
Fast noch kostbarer hat Seeber sein mit mythologischen Szenen dekoriertes Stück ausgestattet.

20 Steinschloßgarnitur
(siehe auch Abb. 25, 46, 48, 57, 61–64)
Die mit silberner, gravierter Montierung ausgestattete Garnitur besteht insgesamt aus einer Büchse mit sieben Zügen, einem Pistolenpaar und einer Flinte. Allen Stücken gemeinsam ist die schwungvolle Schaftverschneidung mit Rankenwerk. Alle Schlösser tragen auf der Innenseite unter einer Krone die Marke G M über einer Henne.
Der ehemals gebläute Lauf der Flinte ist heute blankeisern mit aufgelegter Visierschiene, Silberkorn und einem auf den Schaft aufgeschobenen Flugvisier. Am Laufende, in Gold und Silber eingeschlagen, befindet sich zwischen Ornamenten ein Medaillon, das

eine Dame im Jagdkostüm mit einer Flinte zeigt. Auf der Laufunterseite sind eine Henne, I I K und S V L eingeschlagen. Das flache, sich zur Spitze hin verjüngende Schloß zeigt Eisenschnittornamente auf Goldgrund. Unter der Pfanne ist eine Hirschjagd zu Pferde mit Pistolen dargestellt. Auf dem Fortsatz der Kolbenplatte ist ein Jäger mit Parforcehorn und Spieß graviert.

Meister G M, Suhl um 1730
Länge: 149,5 cm, Lauf: 110,5 cm, Gewicht: 3250 g
HMD G 860

Der mit einem silbernen Klappvisier ausgestattete Büchsenlauf zeigt am Laufende Schnörkelwerk, in Silber eingeschlagen. Als Gegenstück zur Flinte ist die Halbfigur eines Jägers im Dreispitz mit Flinte und Hunden eingelegt.

Das Schloß ist gewölbt und geschnitten, auf vergoldetem Grund. Der Abzugsbügel, zur Handstütze verlängert, ist mit einem Jägerpaar im Rokokokostüm geschmückt. Der Fortsatz der Kolbenplatte zeigt einen Ausritt zur Jagd. Der aus Ebenholz geschnittene Schuber ist mit Enden aus graviertem Silber versehen, die außer Schnörkelwerk auch ein Wildschwein und Hunde zeigen.

Länge: 117,5 cm, Lauf: 79 cm, Gewicht: 3950 g
HMD G 890

Die Pistole, Teil eines Paares, trägt am Laufende, in Silber und Gold eingeschlagen, Parforcejäger und Hunde. Auf der Schloßplatte sind ein Berittener und ein Jäger mit Parforcehorn graviert. Auf der Knaufkappe sind jeweils eine Fuchsjagd mit Pistole und eine Hirschjagd dargestellt. An dem Röhrchen zum Befestigen des Ladestockes sind Henne, Sohle und Häckel als die Wahrzeichen Suhls graviert.

Länge: 51 cm, Lauf: 34 cm, Gewicht: 1150 g
HMD J 688

21 Steinschloßgarnitur
(siehe auch Abb. 47, 48, 61–64)

Die ebenfalls als Geschenk der Stadt Suhl an den sächsischen Hof gelieferte Garnitur ist in allen Metallteilen aus gegrautem, damasziertem Eisen, mit Einlagen aus Gold und Silber geschmückt. Alle Schlösser der vierteiligen Garnitur tragen auf der Innenseite unter einer Krone die Marke G M über einer Henne.

Der mit einer Visierschiene ausgestattete Flintenlauf zeigt die Darstellung eines berittenen Falkners mit Jäger und Suchhund. Die Laufunterseite ist mit der Marke I I K, S V L und einer Henne eingeschlagen. Auf dem flachen Schloß sind Hund und Hase in Gold und Silber eingeschlagen. Das Daumenblech trägt das Brustbild einer Jägerin. Die Kolbenplatte zeigt unter einem Baldachin ein sitzendes Jägerpaar in zeitgenössischer Tracht.

Länge: 148 cm, Lauf: 109,5 cm, Gewicht: 3040 g
HMD G 859

Die stets kürzere, schwerere Büchse hat einen achtkantigen Lauf, mit sieben Zügen, Silberkorn und Visier versehen. Neben Ornament und anderem Zierat ist an der Kammer das kursächsische und das polnisch-litauische Wappen eingeschlagen. Das gewölbte Schloß zeigt unter der Pfanne eine Siegesgöttin. Die Montierung aus graviertem Silber zeigt unter der Mündung die Wahrzeichen Suhls. Am Fortsatz der Kolbenplatte ist ein berittener Feldherr, von einer Göttin geleitet, dargestellt.

Meister G M, Suhl um 1730
Länge: 117,5 cm, Lauf: 79 cm, Gewicht: 3650 g
HMD G 889

Die Läufe des Pistolenpaares tragen das polnisch-litauische Wappen in Gold. Auf den Schloßplatten ist der weiße Adler mit Krone, das Symbol des polnischen Adlerordens, in Silber eingelegt. Die Knaufkappe ist auf dem Medaillon mit dem erhabenen Bildnis Augusts III., seitlich mit einem Pistolengefecht bzw. einem Pistolenduell verziert. Am Unterschaft sind die Wahrzeichen Suhls in Silber graviert.

Länge: 51 cm, Lauf: 33,5 cm, Gewicht: 1050 g
HMD J 1394, und J 1395

22 Zwei Schaftdetails (Details zu HMD G 861 und G 899, siehe auch Abb. 19, 24 u. 49)
Die prunkvolle, barock überladene Waffe Stockmars trägt rings um das Daumenblech mit dem sächsisch-polnischen Wappen Silbereinlagen und Hirschgrandeln.
Das Gewehr von Seeber ist mit massiv-goldenen Auflagen und einer Wappenkrone mit zwanzig Brillanten verziert.

23 Steinschloßgarnitur (siehe auch Abb. 25 u. 56)
Die von Johann Gottfried Kolb gelieferten Waffen sind unsigniert. Ihre spielerisch wirkende Rokoko-dekoration ist in Eisenschnitt auf mattvergoldetem Grund ausgeführt. Die Schlösser seiner Waffen sind sämtlich gewölbt. Büchse, Flinte und Pistolenpaar sind die Bestandteile der Garnitur.
Der mit sieben Zügen ausgestattete Büchsenlauf zeigt Diana und Amor in den Wolken, den Pfeil auf eine Rokokodame gerichtet, sowie ein Bildnis. Auf der Schloßplatte ist ein Putto mit Hündchen dargestellt. Die Gegenplatte wird von einem antiken Paar mit Bogen ausgefüllt, das Daumenblech von einem Putto. Der Fortsatz der Kolbenplatte enthält die Darstellung von Amor und Diana mit Hirschgespann. Auf den Enden des die Kolbenlade bedeckenden Schubers sind ein ruhender Hirsch und ein Putto mit erlegtem Hirsch wiedergegeben.
Johann Gottfried Kolb, Suhl 1747
Länge: 108,5 cm, Lauf: 70 cm, Gewicht: 3630 g
HMD G 898
Der Flintenlauf trägt die in Eisen geschnittene Gestalt einer Dame in Reifrock und Dreispitz, mit Hund und Jagdflinte ausgestattet. Zur Dekoration der Schloßplatte dienen ein springender Hirsch und zwei Stück Rotwild. Auch der Hahn ist vollständig in die Ausschmückung einbezogen und mit einem Jäger auf Vogeljagd dekoriert. Dem Bestimmungszweck der Flinte entsprechend, zeigt die Gegenplatte eine Entenjagd und der Fortsatz der Kolbenplatte einen Jäger mit erlegten Vögeln.
Länge: 135 cm, Lauf: 95 cm, Gewicht: 2900 g
HMD G 868
Das mit einem etwas abgeflachten Knauf versehene Pistolenpaar ist einheitlich dekoriert. Am Lauf ist eine Göttin mit Schild und erhobener Fackel dargestellt, am Schloß ein Putto mit Kriegstrophäen. Die Gegenplatte zeigt ähnliche Motive.
Länge: 45 cm, Lauf: 28,5 cm, Gewicht: 950 g
HMD J 690/691

24 Steinschloß und Gegenplatte (Details zu HMD G 899, siehe auch Abb. 19, 22 u. 49)
Die beiden funktionell durch Schloßschrauben verbundenen Teile sind von Seeber, entsprechend der übrigen Dekoration des Gewehres, zu einem Tummelplatz spielender Putten in ländlicher Umgebung geworden.

25 Vier Schuber (Details zu HMD G 1094, G 893, G 890, G 898, siehe auch Abb. 20, 23, 48, 56, 61–64)
Die aus der deutschen Schäftung der Büchsen in die französische übernommene Kolbenlade, in der man das Räum- und Putzzeug der Waffe aufbewahrt, ist mit einem Schuber verschlossen.

26 Zwei Radschloßpistolen
(siehe auch Abb. 28, 30, 32–34)
Trotz ihrer großen Ähnlichkeit handelt es sich nicht um ein Paar, obwohl beide Waffen aus der gleichen Werkstatt stammen. Der Lauf der oberen Pistole ist gebläut, rund und mit einem breiten Mündungsring mit Messingkorn versehen, zu dem auch ein eisernes Visier gehört. Die Lauffläche ist vollständig mit Eisenschnitt als Blattwerk verziert. Dazwischen sind

einzelne Felder mit der Gestalt Apollos und der Musen eingefügt. Am Laufboden befindet sich die Meistermarke N Z zu beiden Seiten eines Gesichtes, darüber die Signatur des Eisenschneiders mit den Buchstaben C K. Das gebläute Schloß ist von einer Zierkante mit Blattwedeln gerahmt, und der Raddeckel zeigt einen doppelköpfigen Vogel. Der ringförmig durchbrochene Hahn ist an den Lippen zum Halten des Feuersteines zahnartig ausgefeilt.

Der Schaft endet in Gestalt eines Schwalbenschwanzes, in dessen Zwickel eine Maske eingefügt ist, desgleichen auf dem Schaftrücken. Das Schaftholz ist ganz in der Manier von Lauf und Schloß mit Blattwedeln zwischen Schraffurkanten verschnitten.

Meister N Z, Suhl um 1610
Länge: 74 cm, Lauf: 55,5 cm, Gewicht: 1575 g
HMD J 397

Die untere Pistole ist noch reicher verschnitten. Der Lauf zeigt ebenfalls Musen in Eisenschnitt auf punziertem Grund und ebenso wie das Schloß die Marke des Meisters N Z. Dicht darüber befindet sich die Signatur des Eisenschneiders mit den Buchstaben N K. Die gleiche Bezeichnung findet sich als Schäftersignum auf der Schloßgegenseite.

Meister N Z, Suhl um 1610
Länge: 76 cm, Lauf: 57,5 cm, Gewicht: 1530 g
HMD J 452

27 Detail der Radschloßpistole HMD J 558
(siehe auch Abb. 7)
Die Schaftverschneidung dieser Pistole zeigt eine enge Verwandtschaft zu Abb. 11.

28 Detail der Radschloßpistole HMD J 397
(siehe auch Abb. 26, 30, 32–34)
Die als Monstregestalt gebildete Hahnverkleidung ist durch Gravur und Zahnschnitt dem reichen Zierat der übrigen Waffe angeglichen.

29 Detail der Radschloßpistole HMD J 452
(siehe auch Abb. 30, 35–36)
Der komplizierte Schloßmechanismus, der nach Art des Feuerzeuges zur Entstehung des Zündfunkens erforderlich ist, wird, ungeachtet seiner technischen Perfektion, hinter der Schloßplatte verborgen.

30 Details der Radschloßpistolen HMD J 452 und J 397 (siehe auch Abb. 26, 28, 32–34)
Die in die Schraffurkanten eingefügte Schaftverschneidung an der oberen Pistole zeigt einen von Hunden gestellten Bären, den der Jäger mit einem Bärenspieß angeht.

Die nur im Umriß verzierte Schloßplatte der unteren Pistole findet ihre Entsprechung in der sparsamen Schaftverschneidung. Die auch sonst verwendeten Blattwedel sind um die Schloßschrauben zu Rosetten gekrümmt.

31 Radschloßgewehr
Es gehört zu dem weit verbreiteten Typ der Suhler Radschloßmuskete. Der Lauf, hinten achtkantig, vorn rund, hat ein eingeschlagenes Messingkorn und ein gebläutes Visier. Er trägt die Marke I R über einem Herzen, die Hennenmarke und das Signum S V L.

Das flache, blanke Schloß mit dem offen liegenden, seitlich gehaltenen Rad ist mit H M R gemarkt. Der glatte Musketenschaft mit geschweiftem Kolben und Mittelgrat hat eine tief eingeschnittene Daumenmulde. Hinter dem Abzug liegt ein kugelförmiger Sperrhebel (Abzugsbügel 1977 ergänzt).

Meister I R (Lauf), Suhl um 1630
Meister H M R (Schloß)
Länge: 153 cm, Lauf: 114 cm, Gewicht: 4470 g
HMD G 2110

32–34 Detail der Radschloßpistole HMD J 397

(siehe auch Abb. 26, 28 u. 30)
Die einzelnen Laufabschnitte zeigen die Muse des
Tanzes, des Saitenspiels und die Gestalt des Apollo.
Unter seinen Füßen und am Laufboden befinden
sich die beiden Signaturen.

**35–36 Details der Radschloßpistolen HMD J 452
und J 277 (siehe auch Abb. 29)**
Kostümbildnisse und Kostümfiguren sind Anfang
des 17. Jahrhunderts in zahlreichen Fällen zum
Schmuck der Suhler Pistolen verwendet worden.

37–40 Details der Radschloßpistole HMD J 277
Die hier nur in vier Knaufdarstellungen vorgestellte
Waffe zeigt am Lauf ebenfalls weibliche Gestalten in
drei von einer Zierkante umgebenen Feldern. Das
Schloß mit seinem offenen Rad ist ebenfalls von einer
Zierkante mit Blattwedeln gerahmt. Der hellbraune
Schaft ist mit Jagdmotiven völlig verschnitten. Die
etwas derb geschnittenen Gestalten des Knaufs tra-
gen Attribute der Musen.
Meister N Z, Suhl um 1610
Länge: 77 cm, Lauf: 54,5 cm, Gewicht: 1570 g
HMD J 277

**41 Steinschloßgewehr (siehe auch Abb. 41–43
und Abb. 45)**
Der blankeiserne, achtkantige Büchsenlauf ist mit
neun Zügen versehen. Er hat ein eingeschlagenes
Messingkorn, ein Klappvisier und trägt auf der Ober-
fläche die Signatur J. M. Hoffmann a Suhla 1697.
Das gewölbte, von einer Bogenkante umrahmte
Schloß ist mit einer Blattranke und auf der Spitze
mit einer Maske graviert. Die eiserne Montierung
ist geschnitten und teilweise durchbrochen. Das
Daumenblech wird von Grotesken und Tierkopf-
ranken um ein leeres Wappenfeld gebildet.
Der auffallend gemaserte, wulstig verschnittene
Schaft hat einen schweren Kolben mit Kolbenlade

und Wange. An der Wange ist er mit plastischen
Drachen sowie einem Kopf verschnitten.
Johann Matthias Hoffmann, Suhl 1697
Länge: 121,5 cm, Lauf: 83,5 cm, Gewicht: 4690 g
HMD G 812

**42 Detail des Steinschloßgewehres HMD G 812
(siehe auch Abb. 45)**
Die Kolbenplatte setzt sich mit stark gebogtem Umriß bis weit auf den Kolbenrücken fort. Sie ist mit der
Gestalt eines Fahnenjunkers graviert.

**43 Detail des Steinschloßgewehres HMD G 812
(siehe auch Abb. 45)**
Die kraftvolle Bogenkante der Schloßplatte setzt
sich bis auf den Hahn, den Pfannendeckel und rings
um die Batterie fort.

44 Steinschloßgarnitur
Sie besteht aus einem Gewehr und einem Pistolenpaar und zeichnet sich durch die Schönheit des unverzierten Materials aus. Alle Metallteile haben eine
geradezu ausgesucht feine Politur, wie sie nur unter
Mühen in einem langwierigen Arbeitsgang erreicht
werden konnte.
Die blanken Läufe tragen eine Visierschiene und ein
langes Eisenkorn. Am Laufboden sind sie einheitlich
zu einem Oval erhöht, vor dem sich die Marke M F
und S unter einer Krone befindet. Die stumpf enden-
den, gewölbten Schlösser sind nach dem Rand hin
abgeflacht. Die Gegenplatte besteht aus jeweils
einem erhabenen Schnörkel. Wie die Schloßplatten
endet auch die Kolbenplatte des Gewehres gerade.
Das helle Holz der Nußbaumschäfte ist nur wenig,
vor allem als Kontur der Beschläge verschnitten.
Meister M F, Suhl um 1740
Länge: 134,5 cm, Lauf: 95 cm, Gewicht: 2520 g
HMD G 1887
Die außerordentlich handlichen Pistolen besitzen

Knaufkappen mit langen Fortsätzen. In der Mitte der Kappe befindet sich ein erhabenes Medaillon.
Länge: 43 cm, Lauf: 26 cm, Gewicht: 850 g
HMD J 857 und J 1343

45 Detail des Steinschloßgewehres HMD G 812 (siehe auch Abb. 41–43)
Die durchbrochene Gegenplatte zeigt rings um die Schloßschrauben Hunde und Grotesken zwischen Blattranken in Eisenschnitt.

46 Detail des Steinschloßgewehres HMD G 860 (siehe auch Abb. 20, 48, 57, 61–64)
Der vorzügliche Eisenschnitt der Schloßteile macht den Wert der Waffe deutlich. Jagdgeschichtlich bedeutsam ist die Anwendung von Pistolen selbst für die hohe Jagd, was wiederum die Vervollständigung der Gewehrgarnituren durch Pistolenpaare erklärt.

47 Steinschloß
(Detail zu HMD G 859, siehe auch Abb. 21)
Mit Rücksicht auf die Dekoration ist die Meistermarke im Schloßinneren angebracht.

48 Vier Gegenplatten
(Details zu HMD G 889, J 688, G 860, G 890, siehe auch Abb. 20, 21, 25, 46, 48, 57, 61–64)
Die silbernen, durchbrochenen Platten, die ursprünglich zur Aufnahme der Schloßschrauben gedacht waren, haben die Gestalt eines freien Ornamentes angenommen. Die in das Rankenwerk eingebundenen Szenen deuten auf die Bestimmung der Waffen für die Jagd.

49 Drei Läufe (Details zu G 892, G 899 und G 863, siehe auch Abb. 19, 22, 24, 52, 53–54 u. 59)
Die strengen, offiziellen Formen des Stockmar-Laufes mit dem Bildnis Augusts III., einem Visier in Hirschgestalt und dem Besatz von Hirschgrandeln

sind bei seinem rechten Lauf stark aufgelockert.
Der mittlere Lauf des Gewehres von Johann Stephan Seeber zeigt das im Kunsthandwerk des Rokoko so beliebte Gitterwerk.

50 Zwei Kolbenplatten
(Details zu G 864 und G 894)
Die zur gleichen Stockmar-Garnitur gehörenden Waffen zeigen den Reichtum dieser Werkstatt an Jagdmotiven. Die genaue Schilderung der Landschaft, für die Flinte mit Vögeln, bei der Büchse mit einem erlegten Hirsch, entspringt der unmittelbaren Naturbeobachtung.

51 Zwei Fortsätze von Kolbenplatten
(Details zu G 864 und G 894)
Auch im Hinblick auf die Figurendarstellung ist Stockmar auf der Höhe seiner Zeit, wie das höfische Jägerpaar bei der Rast zeigt. Auf dem zweiten Stück ist ein Büchsenspanner beim Laden des Gewehres dargestellt.

52 Steinschloßgarnitur (siehe auch Abb. 49 u. 59)
Unter allen Stockmar-Garnituren ist sie die kostbarste. Charakteristisch sind das Gitterwerk aus Golddraht mit Silberplättchen, der Besatz mit Hirschgrandeln und die reichen ornamentalen Schaftauflagen, von Silberintarsien umgeben. Die Daumenbleche der Garnitur tragen das polnisch-litauische Wappen, mit dem Wappen Kursachens verbunden.
Der achtkantige, in der Mitte kannelierte Büchsenlauf hat ein Visier in Gestalt eines liegenden Hirsches von vergoldetem Silber. Der qualitätvolle Eisenschnitt auf punziertem Goldgrund zeigt ein Porträt König Augusts III. und eine Hirschgrandel mit dem Monogramm F A R.
Johann Christoph Stockmar, Suhl 1741
Länge: 102,5 cm, Lauf: 64 cm, Gewicht: 3700 g
HMD G 892

Auch den Flintenlauf schmückt das Porträtmedaillon des Königs. Das Schloß und die Montierung zeigen Darstellungen von Hasen- und Rebhuhnjagden.
Suhl 1742
Länge: 136 cm, Lauf: 98,5 cm, Gewicht: 3120 g
HMD G 862
Die erst 1744 gelieferten Pistolen haben identische Laufdekoration, sind aber spiegelverkehrt geschnitten. Das Korn hat die Gestalt eines Hundekopfes. Im Schloßinneren befindet sich die Marke des Gewehrlieferanten Friderici.
Länge: 45 cm, Lauf: 28,5 cm, Gewicht: 1000 g
HMD J 1400 und 1401

53–54 Zwei Details des Gewehres HMD G 863
Die muschelartige Schaftverschneidung im Zentrum der Dekoration setzt den gesamten Formenapparat in Bewegung.

55 Steinschloßgewehr
Die mit übereinanderliegenden, sogenannten Bockläufen ausgestattete Doppelbüchse war ein Geschenk des Grafen Brühl an König August III. Die Läufe sind siebenfach gezogen und ebenso wie beide Schlösser und die Montierung mit Rankenwerk in verschiedenfarbigem Gold eingelegt.
Johann Wilhelm Spangenberg, Suhl um 1762
Länge: 101 cm, Lauf: 63,5 cm, Gewicht: 4360 g
HMD G 900

56 Eisenschnittdetail (Detail zu HMD G 898 und G 868, siehe auch Abb. 23 u. 25)
Die matte Vergoldung des Untergrundes hebt die geschnittenen Rokokoszenen reizvoll hervor.

57 Kolbenplatte (Detail zu HMD G 860, siehe auch Abb. 20, 46, 48, 57, 61–64)
Wie auch andere Teile der Garnitur, die als Geschenk der Stadt kenntlich gemacht werden sollte,

trägt das die Schraube umgebende Ornament die Henne auf dem Berge, die Sohle und das Häckel als die wichtigsten Bestandteile des Suhler Stadtwappens.

58 Schaftdetail (Detail zu HMD G 893)
Mit sicherem Gefühl ist das Ornament dem unregelmäßigen Schaftumriß angepaßt.

59 Schaftdetail
(Detail zu HMD G 892, siehe auch Abb. 49 u. 52)
Alle wichtigen Dekorationselemente der Garnitur sind an diesem Schaftdetail ablesbar.

60 Zwei Radschlösser (Details zu HMD G 537 und G 538, siehe auch Abb. 66)

61–64 Vier Daumenbleche (Details zu HMD J 688, G 889, G 890, G 860, siehe auch Abb. 20, 21, 25, 46, 48, 57, 61–64)
Die zur Auflage des Daumens beim Zielen bestimmten silbernen Bleche tragen häufig das Wappen des Eigentümers, hier Jagdmotive.

65 Schaftverschneidung (Details zu HMD G 896)
Das Rokokoornament entfaltet sich durch die Kunst des Schäfters in gegenläufigen Schwüngen.

66 Ein Paar Radschloßgewehre
Die starken, sechskantigen Läufe sind als sogenannte Saurücken mit einer nach oben gerichteten Laufkante in den Schaft gelegt. Die Schlösser mit dem im Inneren befindlichen Rad tragen um den Vierkant ein Schriftband mit SPANGENBERG A SUHL. Die deutschen Nußbaumschäfte mit Kolbenlade und Wange sind verschnitten. Die Abzugsbügel haben Fingerrasten.
Johann Wilhelm Spangenberg, Suhl um 1760
Länge: 117 cm, Lauf: 88,5 cm, Gewicht: 6730 g
HMD G 537 und G 538

Ausbereiter

Das Ausbereiten ist eine Arbeit, die dem Verwendbarmachen der Läufe und anderer noch roher Eisenteile dient, damit sie Gestalt und Aussehen einer gebrauchsfähigen Waffe annehmen. Das Ausbereiten fällt weitgehend mit der Büchsenmacherarbeit zusammen.

Bläuung

Für Pistolen- und Gewehrläufe qualitätvoller Waffen wird seit dem 16. Jahrhundert die Bläuung unter Ausnutzung der Anlauffarben des Eisens (bei 288 °C hellblau, bei 295 °C dunkelblau) oder durch Einwirkung chemischer Stoffe angewendet. Der reizvolle Farbeffekt, besonders im Kontrast zu Vergoldungen wirksam, dient gleichzeitig als Korrosionsschutz und vermindert das Blenden während des Zielens.

Blauofen

Zur Erzeugung von Schmiedeeisen und flüssigem Roheisen geeignet, löst er das nur für Schmiedeeisen verwendbare Rennfeuer ab. Das in Suhl im 18. Jahrhundert eingeführte Verfahren, bei dem durch Ablassen von Roheisen und Schlacke fortwährend geschmolzen und geblasen werden konnte, ist eine Vorstufe zum Hochofenprozeß. Der Blauofen erhielt seinen Namen nach dem immerwährenden Anblasen, das durch mundartliche Veränderung zu Blau wurde.

Damaszierung

Die ursprünglich allein auf kostbaren, in Damaskus geschmiedeten Klingen zu findende Musterung des Eisens gewinnt auch bei Feuerwaffen, besonders im 18. und 19. Jahrhundert, an Bedeutung. Ausgangspunkt dafür sind Eisenlegierungen mit unterschiedlich hohem Kohlenstoffgehalt, die durch wiederholtes Ineinanderschmieden Damast genannte ornamentale Muster bilden. Diese Ornamente werden dann durch ein langwieriges Beizen deutlicher sichtbar gemacht.

Faustrohr

Im Gegensatz zu langläufigen, mit Schießgabel zu verwendenden Feuerwaffen bezeichnet man die kurzläufigen, aus freier Hand zu bedienenden Pistolen im 16. Jahrhundert zumeist als Faustrohre.

Hakenbüchse

Hakenbüchsen zählen in der Regel zu langläufigen, schweren Feuerwaffen. Der Lauf dieser Büchse ist an der Unterseite, etwa ein Drittel vor der Mündung, mit einem starken Eisenhaken versehen, der beim Auflegen der Waffe so plaziert wird, daß er den Rückstoß abfängt.

Hammerschlag

Er ist ein bei der Bearbeitung von Schmiedeeisen abblätternder Belag aus Magneteisenstein. Er diente als Zuschlagstoff bzw. als Oxydationsmittel für die Herstellung von Roheisen.

Meistermarke

Entsprechend den Handwerksgepflogenheiten der Büchsenmacher, ihren Arbeiten Markenstempel oder Signaturen zu geben, haben auch zahlreiche Suhler Meister ihre Waffen auf diese Weise kenntlich gemacht. Die Marken wurden vor der Vollendung der Arbeit mit einem Stahlpunzen in das noch nicht gehärtete Eisen geschlagen. Zumeist bestehen sie aus einem wappenähnlichen Schild mit den Anfangsbuchstaben des Meisternamens. Sehr häufig ist diesen Initialen noch ein Symbol beigegeben, dessen Bedeutung nach Möglichkeit einen Bezug auf den Namen des Meisters enthält. In Fällen, wo eine bildhafte Deutung des Namens nicht gelang, bediente man sich auch neutraler Symbole, im 18. Jahrhundert besonders der Krone. Gelegentlich entspricht die Meistermarke, die, durch Innungsakten bestätigt, den Charakter eines Warenzeichens hatte, auch der Hausmarke des Grundstücks oder aber dem Siegel dieses Meisters.
Die Marke wird vom Meister sehr oft auf der Laufoberfläche, unmittelbar vor dem Laufboden, eingeschlagen. Die Schlösser sind weitaus seltener gemarkt, Radschlösser gewöhnlich am unteren Rand der Schloßplatte. Bei dem Beispiel des Suhler Mei-

sters W H sind beide Marken, in Übereinstimmung mit der einheitlichen Dekoration von Lauf und Schloß, auch auf beiden Teilen zu finden. Trotz dieser wichtigen Hinweise stößt das Entschlüsseln der Meisternamen gerade in Suhl auf erhebliche Schwierigkeiten, da die Vernichtung der Rats- und Innungsakten deren Erforschung verhindert.
Im Zusammenhang mit der Verfeinerung des Dekors, wie sie vor allem im 18. Jahrhundert in Suhl üblich wurde, ist das Einschlagen einer Meistermarke als störend empfunden und statt dessen die Möglichkeit der Signatur mit dem vollen Namen des Meisters gewählt worden. Die Suhler Meister Hoffmann, Stockmar und Spangenberg verwendeten diese Möglichkeit der Kennzeichnung. Wird den-

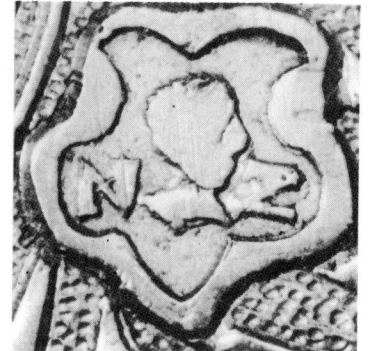

noch eine Marke gewählt, rückt man sie aus dem Blickfeld, beispielsweise an die Innenseite der Schloß-platte, wie im Falle des Meisters G M. In Suhl tritt dabei noch eine Besonderheit auf; denn an dieser Stelle sind gelegentlich auch Marken des Händlers eingeschlagen, der lediglich die Lieferung der Waffe vornahm, ohne selbst dem Büchsenmacherhandwerk der Suhler Innung anzugehören.

Die amtlich festgelegte Beschau der Waffen durch städtische Beauftragte, von der vor allem Standard-waffen betroffen waren, wurde ebenfalls durch Ein-schlagen von Marken beglaubigt. In diesem Fall bediente man sich in der Regel des Symbols der Henne für die Grafschaft Henneberg sowie der Buchstaben S V L für den Ortsnamen Suhl. Beide Zeichen haben sich im Verlauf der Jahrhunderte mehrfach verändert und bieten dadurch Anhalts-punkte für die Datierung Suhler Waffen. An den für den sächsischen Hof bestimmten Suhler Luxus-waffen gibt es derartige Beschaumarken allerdings nur in Ausnahmefällen.

Monturmacher

Einzelne Zubehörteile für Feuerwaffen wie Daumen-bleche, Kolbenkappen oder -platten, Gegenplatten und Abzugsbügel wurden in Suhl zumeist nicht vom Büchsenmacher selbst hergestellt, sondern von Montur- oder Garniturmachern geliefert.

Puffer

Als Puffer werden relativ kurzläufige Pistolen be-zeichnet, die in der 2. Hälfte des 16. Jahrhunderts in Deutschland hergestellt wurden. Ihr besonderes Merkmal ist ein faustgroßer, kugelförmiger Holz-knauf.

Punzierung

Um Eisen, Holz oder Leder flächenhaft aufzurauhen oder mit einem Muster zu versehen, bedient man sich

Radschloßbüchse

1 Kolbenplatte
2 Kolbenrücken
3 Kolbenlade
4 Kolben
5 Abzugsbügel
6 Abzug
7 Stecher
8 Schloßplatte
9 Pfanne
10 Hahnlippen
11 Hahn
12 Visier
13 Korn

Radschloß

1 Vierkant
2 Pfanne
3 Studelplatte

Radschloßpistole

1 Abzugssicherung
2 Knauf
3 Abzugsbügel
4 Abzug
5 Schloßplatte
6 Rad
7 Pfanne
8 Studel
9 Hahn
10 Schaft
11 Lauf
12 Ladestock
13 Mündung

Steinschloßflinte

1 Kolbenplatte
2 Fortsatz der Kolben-platte
3 Kolben
4 Kolbenrücken
5 Dünnung
6 Abzug
7 Abzugsbügel
8 Hahn
9 Feuerstein
10 Pfanne
11 Batterie
12 Batteriefeder
13 Vorderschaft
14 Lauf
15 Korn

Steinschloßbüchse

1 Kolbenplatte
2 Kolbenlade
3 Daumenblech
4 Stecher

Steinschloßpistole

1 Gegenplatte
2 Knaufkappe
3 Knauf
4 Schloß
5 Korn
6 Ladestock

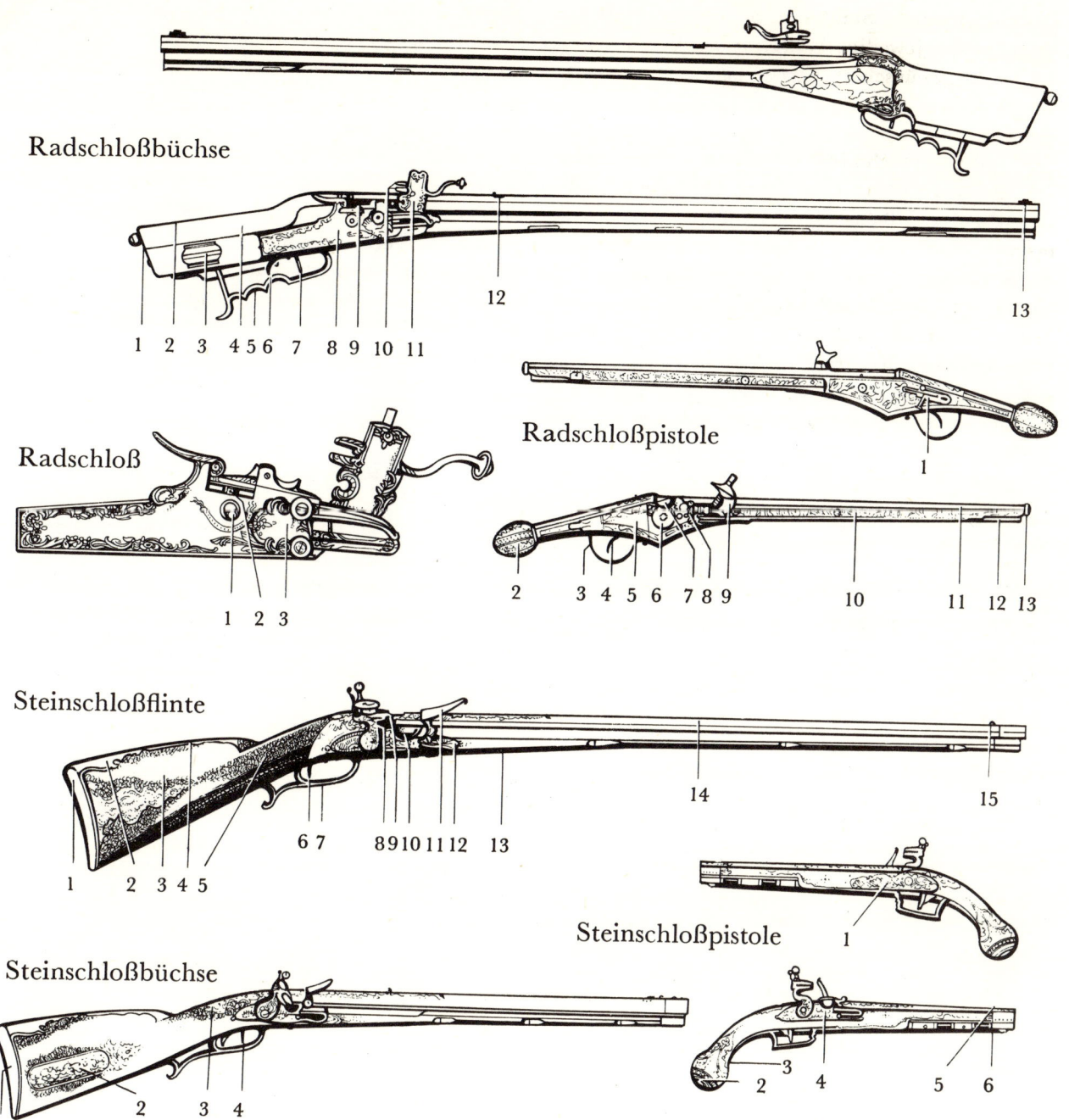

Radschloßbüchse

1 2   3   4 5 6 7   8 9 10 11

12

13

Radschloß

1   2   3

Radschloßpistole

1

2   3 4 5 6   7 8 9   10   11 12 13

Steinschloßflinte

6 7   8 9 10 11 12   13

14   15

1   2 3 4 5

Steinschloßpistole

1

Steinschloßbüchse

2   3 4

1

2   4   5   6

3

Punzen genannter Stahlstifte. Sie werden in dichter Folge in die jeweilige Unterlage eingeschlagen, in der sie die gewünschten Vertiefungen zurücklassen.

Rennfeuer

Zur Gewinnung schmiedbaren Eisens ist es erforderlich, das aus Oxiden bestehende Eisenerz zu reduzieren und von Beimengungen zu befreien. Als die ursprünglichste Art der Schmiedeeisenerzeugung ist die Rennarbeit überliefert. Sie wird im Rennfeuer, einem aus Eisenplatten bestehenden Kasten, ausgeführt. Dadurch entsteht auf kleinen Herden oder Öfen bei hohem Kohleaufwand und verhältnismäßig geringer Temperatur eine ebenfalls geringe Menge von Schmiedeeisen, das nur einen niedrigen Kohlenstoffgehalt besitzt. Voraussetzung für dieses Verfahren sind sehr eisenreiche, reine und leicht reduzierbare Erze, wie sie der Suhler Bergbau erbrachte.

Rohrschmied

Er ist derjenige unter den mit der Herstellung von Handfeuerwaffen beschäftigten Handwerkern, der den Lauf (Rohr) zu seiner Röhrenform ausschmiedet.

Sporer

Die Arbeiten des Sporers sind Reitsporen, Kandaren, Trensen und andere Reitzeugteile. Das Handwerk der Sporer gehört zumeist zur Innung der Kleinschmiede oder Schlosser.

Vogelflinte

Mit der Spezialisierung der Jagdwaffen erhöht sich die Spezialisierung der Typen und Bezeichungen. Als Vogelflinten werden leichte Gewehre mit glattem Lauf für die Vogeljagd bezeichnet, die in der Regel ein über Schaft und Lauf geschobenes Flugvisier besitzen, mit dessen Hilfe das Flugwild rasch anvisiert werden kann.

Wallbüchsen

Die Wallbüchse gehört mit einem Gewicht von bis zu 30 kg zu den schweren Waffen, die für Verteidigungszwecke eingesetzt wurden. Eine Abgrenzung zur Hakenbüchse, besonders zum schweren Doppelhaken, ist eigentlich nur durch das Fehlen des Hakens gegeben. Der Begriff entstammt ihrer Aufstellung hinter Festungswällen.

LITERATURVERZEICHNIS

Anschütz, Heinrich — Die Gewehrfabrik in Suhl im Hennebergischen, Dresden 1812

Anschütz, Johann Matthias — Kurze Geschichte der Stadt Suhl, Suhl 1796

Diener von Schönberg, Alfons — Die Geschichte der Olbernhauer Gewehrindustrie, Halle 1914

Meyerson, Ake — Einige Meisterstück-Zeichnungen der Danziger Büchsenschäfter. In: Zeitschrift für Historische Waffen- und Kostümkunde Bd. 15, Jg. 1938, S. 101–103

Schaal, Dieter — Katalog Suhler Feuerwaffen 17.–18. Jh., Dresden 1979
Katalog Dresdener Büchsenmacher 16.–18. Jh., Dresden 1975

Schneider, Hugo — Suhler Schußwaffenproduktion in schweizerischer Sicht. In: Zeitschrift für Historische Waffen- und Kostümkunde Bd. 9, Jg. 1968, H. 1, S. 62–68

Semper, Gottfried — Der Stil in den technischen und tektonischen Künsten oder Praktische Aesthetik, München 1878

Wagner, Johann — Das verheerte, zerstöhrete und eingeäscherte Suhl. In: Johann Paul Reinhardts der Alterthümer Sammlung, Coburg 1764

Werther, Ferdinand — Sieben Bücher der Chronik der Stadt Suhl, Suhl 1846

Weiss, Walter — Suhler Handfeuerwaffen im 16. Jh. In: Natur und Heimat, Jg. 8, 1959, H. 2, S. 74–77

INHALT

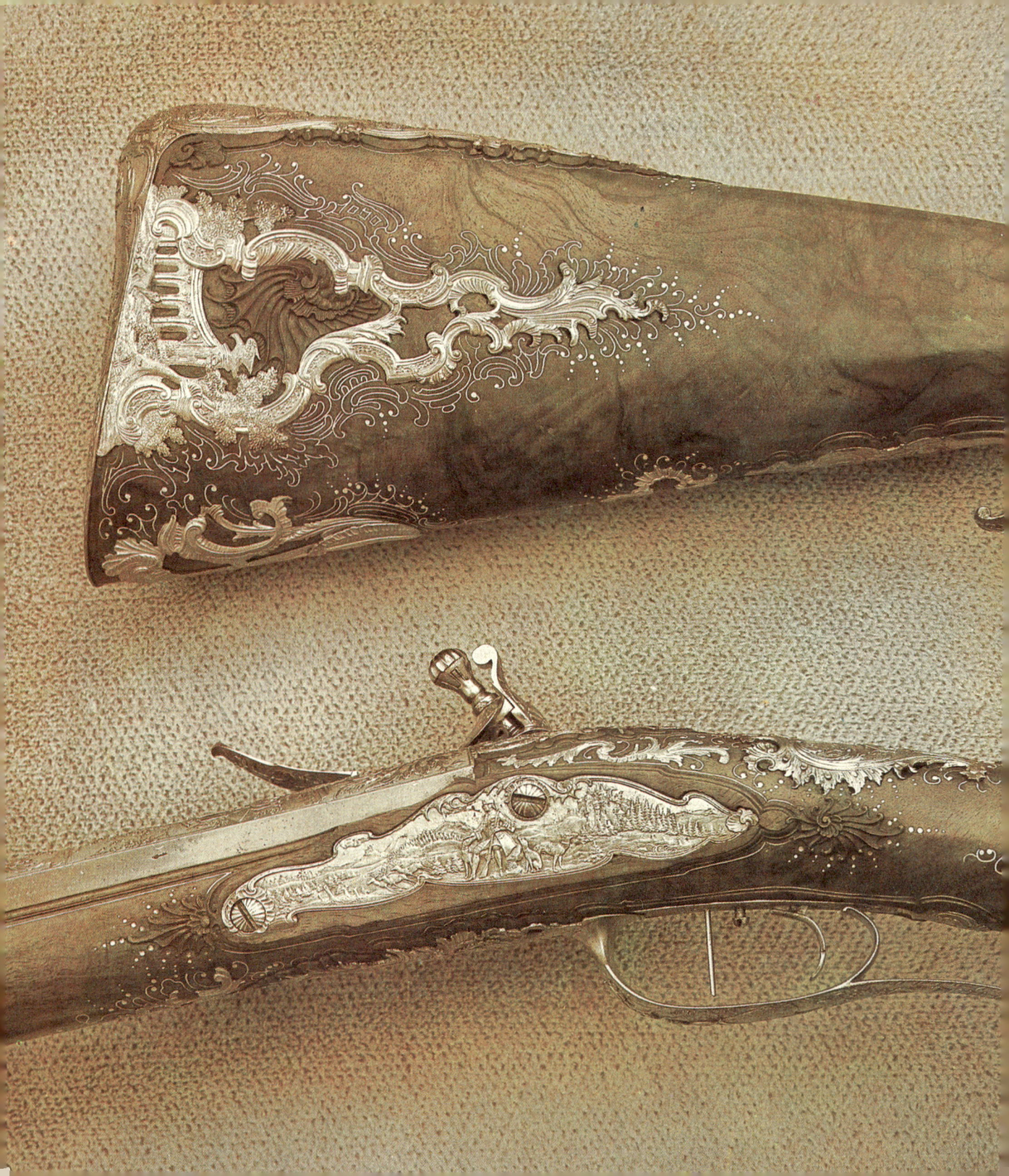